侵略と殺戮

真実の中国4000年史

杉山徹《かつ》宗《み》

祥伝社黄金文庫

「中国4000年の真実」改題

まえがき

日中平和友好条約が締結されて四半世紀がたち、すでに過去の問題は全部清算がすんでいるにもかかわらず、いまだに戦争責任や戦後処理の問題を蒸《む》し返し、謝罪を求めようとする中国の意図は、どこにあるのだろうか。

一つには、これを一種の取引材料として、日本の経済援助や技術援助を引き出そうとする一種の脅《おど》しであることは明らかだが、それだけでは説明がつかない。

中国は、その四〇〇〇年の歴史において、強烈な中華意識を持ち続け、つねに周辺異民族を見下し、服属・朝貢《ちょうこう》を強制し、従わぬ者に対しては、容赦《ようしゃ》なくこれを侵略し、殺戮《さつりく》・略奪を恣《ほしいまま》にしてきた。絶滅させられた民族は、枚挙にいとまがないほどである。こうした〝中華思想〟は、漢民族の遺伝子に、いまなお深く刻み込まれている。

ところが、こうした漢民族の優越感を大いに傷つけたのが、「日本」という国家であった。かつて朝貢国として見下していた日本が、大胆不敵にも一時的にせよ漢民族を支配し、馬鹿にした表現で呼び捨てにしたことは、彼らにしてみれば許しがたいことであり、白人に支配される以上の屈辱であったことは、想像にかたくない。

一方、日本はなぜ、中国に対して毅然《きぜん》とした態度をとれないのだろうか。それは日本が文化の面で中国を範《はん》としてきた時代が長かったために、中国史の「明」の部分にのみ目を奪われ、現在の中国もまた理想の国家であるかのように見なす歪《ゆが》んだ中国観が根強く残っているからである。

だが、現実に中国は、この四〇〇〇年、アジアで何をしてきたのだろうか。

本書は、中国がその四〇〇〇年の歴史において行なってきた異民族に対する侵略や殺戮、一方国内においても、王朝の交替ごとに繰り返された何千万人単位の大虐殺といった、残忍で非人間的としかいいようのないような、いわば中国史の「陰」の部分を、あえて白日《はくじつ》のもとにさらすことを試みるものである。それによって、まず中国人自身に、そして中国を礼賛《らいさん》してやまない一部の日本人に、バランスのとれた中国観を構築していただきたいからだ。これこそが、日中の真の友好には不可欠だと考えるからである。

したがって、本書の目的が反中国感情の醸成にあるのではなく、あくまでも史実の追究にあることを、一言付記しておきたい。

終わりに、本書の執筆にあたり貴重なご助言をいただいた明海大学中国語学科教授の遊佐昇先生と、大東文化大学国際関係学科教授の岡田宏二先生（中国史専攻）に、厚く御礼申し上げたい。

本書を岳父である元海軍少佐・長石一治氏に捧げる

平成十一年四月吉日

杉山《すぎやま》徹宗《かつみ》

おことわり

各民族の国家・王朝名のうち、中国正州内に樹立された政権は「　」（例「唐」）、周辺異民族によって正州外に樹立された王朝については『　』（例『遼』）で示した。ただし、政権樹立時は域外で、後に正州内に政権を移した王朝については、そのときどきの首都の位置により「　」『　』を使い分けた（例『清』「清」）。

中国周辺部の地名の読み方・表記については、漢字読みそのままの読み方が流布している場合はひらがなで（例・高昌《こうしょう》）、現地の読み方が一般的な場合は、カタカナ（例・疏勒《カシュガル》）で表記した。漢字読み、現地読みのどちらを採用するかについては、慣例に従った。

（編集部）

目次

序章　日本人が知っておくべき「陰」の中国史

――いまこそ、虚妄の中国観を排すべきとき

インドと中国にみる対日観の違い

アジアには、その歴史の長さと国土面積の広大さゆえに、自国を大国であると自負する国が二つある。その一つは中国であり、もう一つはインドである。この両国が長年実施してきている「好きな国、嫌いな国」の世論調査の結果が興味深い。

まず中国での調査では、過去数十年間、最も好きな国家はスエーデンやスイスなどの欧州先進国である。逆に最も嫌いな国は日本、次いで米国、時にはロシアやヴェトナム、インドなどとなる。

次にインドでの調査によると、九三年から九八年まで連続して、最も好きな国は日本であり、逆に最も嫌いな国は中国となっている。

中国とインドは過去、帝国主義列強の侵略にさらされたという共通点を持つが、対日感情では天と地ほどの差がある。つまり中国は戦後の五〇年間、反日教育を徹底して行なってきた。

一方、インドは第二次大戦中は英国に駆り出され、インパールなどでは日本と戦火を交えた関係にあるが、現在のインドの対日感情は最高によいものとなっている。インド人は、日本は戦争中、アジア諸国で悪いことばかりしたわけではない。それどころか、インドをはじめアジア諸国が独立を達成できたのも、日本の力が大きく与《あず》かっていたという認識を持っている。

逆に中国人に対しては、インド人は、彼らは極めて悪賢く、油断のならない国民で、猜《さい》疑《ぎ》心の固まりのような民族であると評価して警戒している。

なぜ、中国人とインド人とで、日本に対する評価がこうまで極端に違うのだろうか。その答えの鍵は、中華思想の有無にある。中国では四〇〇〇年間にわたって、漢民族こそが最も優秀で、周辺異民族は常に漢民族に頭を下げて来るべきもの、という意識が骨の髄まで染み込んでしまっている。つまり欧州でいう宗主国意識であるが、そうした光輝ある漢民族を、かつての夷狄《いてき》（未開の野蛮人）である日本人が、たとえ短期間でも支配をし、馬鹿にした表現で中国人を見下したことは、何としても許せないのである。

ところがインド人は文明こそ築いたが、自民族こそ絶対優秀などとして、冊封《さくほう》体制（中国の天子が周辺民族の首長に書状を遣わして、その統治権を認めるかわりに、中国に従属させる体制）とか、朝貢《ちょうこう》制度などというケッタイな習慣を作らなかった。

ただし、現在のインドは中国同様、大国意識は強烈に保持している。それゆえ隣国の中国が核兵器や大陸間弾道ミサイルを保有して、核クラブの仲間入りを果たしたことには、激しい嫌悪感を抱いていた。しかも、その中国は核ミサイルをインドの主要九〇都市に照準を当てて恫喝《どうかつ》しているだけでなく、インドにとってライバルともいうべきパキスタンに、核やミサイル技術を輸出してインドを圧迫する戦略を採っている。

さらに冷戦崩壊を受けて、国際社会に軍縮ムードが出ると、中国は他の国連常任理事国と足並みを揃えて、NPT（核拡散防止条約）やCTBT（包括的核実験禁止条約）の締結をインドに迫るという図々しい行動に出た。インドにして見れば、中国の九〇都市に対する報復のための核ミサイルを照準するまでは、中国からの脅威は去らないし、大国としてのプライドも許さない。これが九八年五月にインドが核実験を実施した最大の理由である。

その際、日本がとった行動は、中国を含む国連常任理事国に同調し、インドに対して核実験非難と、経済制裁を課すという愚かなものであった。

なぜ日本は、中国に対して卑屈なのか

では日本がなぜ、現実に日本に向けてミサイルに核兵器を装塡《そうてん》している中国には何も言わず、このようなきちんとした言い分を持つインドを批判するという、ズレたみっともな

現代中国の行政単位と、少数民族55の分布図

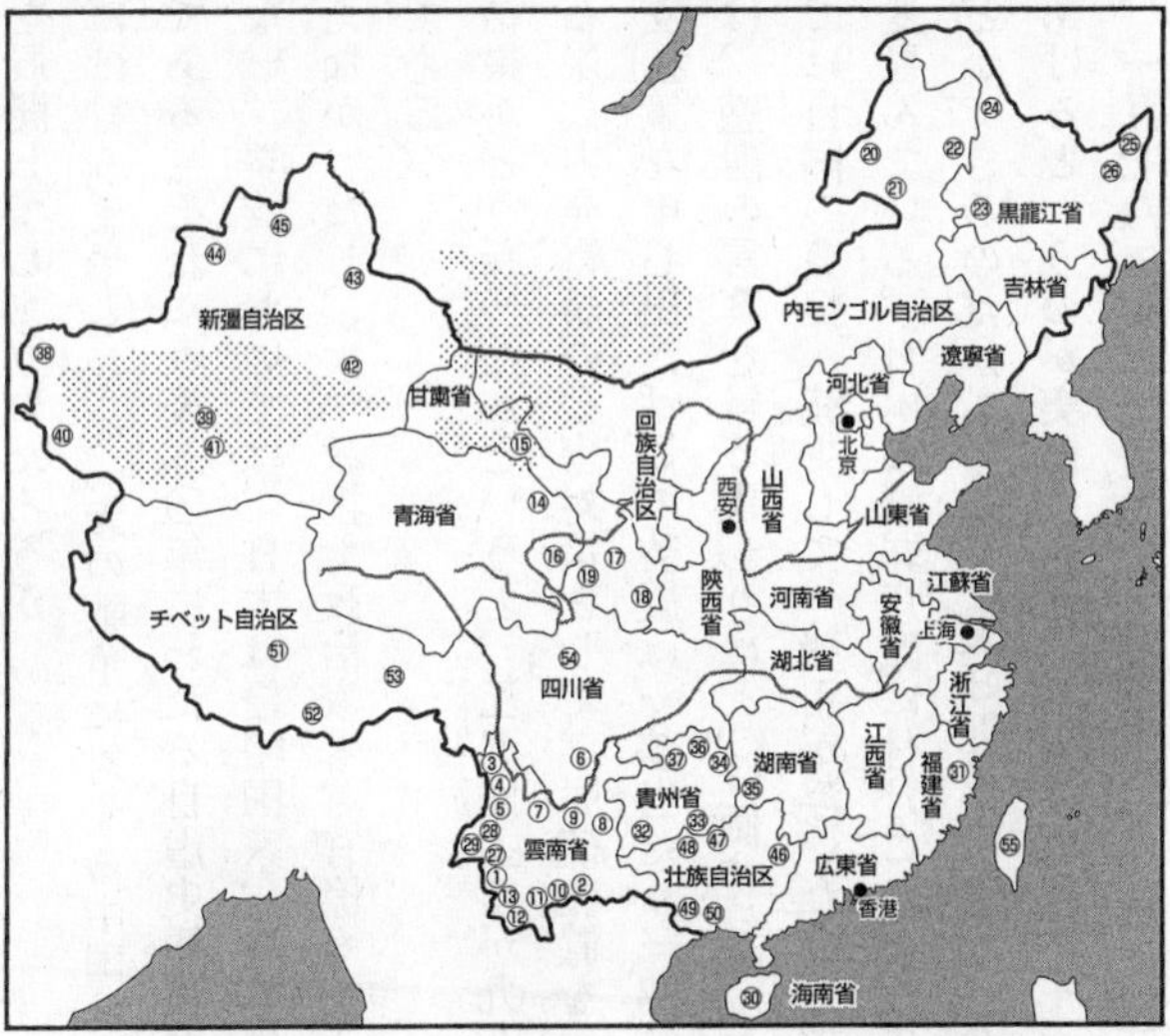

① ラフ族
② ジノー族
③ トールン族
④ リス族
⑤ ヌー族
⑥ イ族
⑦ ナシ族
⑧ ペー族
⑨ プミ族
⑩ タイ族
⑪ プーラン族
⑫ ハニ族
⑬ ワ族
⑭ トゥー族
⑮ ユーグ族
⑯ サラ族
⑰ ボウナン族
⑱ 回族
⑲ トンシャン族
⑳ モンゴル族
㉑ エヴェンキ族
㉒ ダフール族
㉓ 満族
㉔ オロチョン族
㉕ ホジェン族
㉖ 朝鮮族
㉗ ドアン族
㉘ アチャン族
㉙ チンポー族
㉚ リー族
㉛ ショオ族
㉜ プイ族
㉝ スイ族
㉞ ミャオ族
㉟ トン族
㊱ トゥチャ族
㊲ コーラオ族
㊳ キルギス族
㊴ ウイグル族
㊵ タジク族
㊶ ウズベク族
㊷ タタール族
㊸ カザフ族
㊹ シボ族
㊺ オロス族
㊻ ヤオ族
㊼ ムーラオ族
㊽ マオナン族
㊾ チワン族
㊿ キン族
51 チベット族
52 メンパ族
53 ロッパ族
54 チャン族
55 高山族

い外交を展開してしまうのだろうか。

一つには言うまでもなく、先の戦争に対する中国への贖罪《しょくざい》の意識が抜きがたく存在するからである。それに戦後五〇年にわたる自虐史観教育が拍車をかけていることは、言うまでもない。学校においては、日本は侵略国家、日本は悪者という答案を書かなければ丸をもらえなかったし、大学教授も政治家も、官僚もジャーナリストも、深層心理においては同様である。

その結果がどうなったかというと、江沢民《こうたくみん》主席が九八年一一月に来日した際に、日本は中国の石炭火力発電所の公害対策として、脱硫装置を中国各地約一千基の火力発電所に設置する支援策を申し出た。この装置は一基当たり一四億円もする高価なものであるが、江沢民氏は、感謝の言葉を言う代わりに、「評価する」と宣《のたま》わっただけであった。

中国では自国の負担が減少して、費用が浮いた分を核弾道ミサイルの開発に投資できるので大変喜んでいる。日本の贖罪意識に付けこんで、居丈高《いたけだか》になればなるほど金を巻き上げることができるのだから、「日中友好促進」を唱える裏で、国内においては反日教育に血道をあげるというのが実情である。

事実、一九七八年から九八年まで、日本が中国に援助したＯＤＡ（政府開発援助）は三兆円で、一万円札を積み上げれば富士山の二〇倍に達するという膨大な金額である。これに対して中国政府は、過去二〇年間、一度も自国民にその事実を伝えず、九九年三月になって、ようやく一中国紙がきわめて小さく、日本の「援助」を報道しただけである。

さらに九八年七月九日付の朝日新聞によると、上海地区で行なわれた全国統一大学入学試験の問題に、日本で制作、公開された映画『プライド・運命の瞬間《とき》』の感想文が出題された。この問題は、「この映画は東条英機を美化するものである」と厳しく批判した新華《しんか》社《しゃ》の報道記事を読んでいないと答えられないもので、合格するためには新華社の記事を読んでいて、これに賛意を表わす必要がある。なぜなら、受験生はこの映画を見ていないのだから、ほかに答えようがないのである。つまり、はじめから「反日」をもくろんだ悪質なものだった。

また中国は、自分は何をしても勝手だが、相手が自分の気にくわないことをするのは断じて許さないという奇妙な性癖を持っている。言うまでもなく中華思想とやらがなさしめるわざだが、こんなことがあった。

筆者はたびたび訪中をしているが、九二年に北京大学で日中安全保障問題を講演した時、教授たちから以下のような質問が出された。

「ソ連の崩壊で日米安保条約は不要になったのに、なぜ日本は核兵器大国の米国と軍事同盟を締結して中国を脅し続けているのか」

これに対して筆者は、

「日本が一方的に安保条約を打ち切っても、中国が依然として核兵器を保持していれば、恐怖に駆られて日本も中国と同様に核兵器を保有しようと考える人が必ず出てくる。そして、もし日本が核保有を決心したら、失礼ながら科学技術力が優れているから、たちまち中国の核戦力を押さえ込むほどに優位に立ってしまうが、それでもよいですか」

と答えると、沈黙してしまった。

中国観を根本から覆《くつがえ》す「陰」の四〇〇〇年史

だが、日本人が中国人の前でものが言えなくなり、卑屈になる理由は、贖罪意識によるものだけではない。

それは日本人の中にある中国イメージのほとんどが『史記』『三国志』『十八史略』などの古代の歴史書や、『論語』をはじめとする四書五経、杜甫《とほ》や李白《りはく》を代表とする漢詩、『西遊記《さいゆうき》』や『水滸伝《すいこでん》』などの小説、これらから形づくられたもので、文化的に洗練された美

漢民族をめぐる周辺異民族の興亡(その1)

[春秋時代]
●漢民族によって亡ぼされた民族
オルドス部，犬戎，義渠戎，昆夷，渾諛，薫育
[戦国時代]
●漢民族によって亡ぼされた民族
閩越，百粵，黔中，林胡，淮夷，萊夷，山戎，北狄，赤狄，白狄，西戎，犬戎，荊蛮，猖犬
★異民族によって亡ぼされた民族
東胡，羌，氐，丁零，烏孫
[前漢時代]
●漢民族によって亡ぼされた民族
烏桓，匈奴，夜郎，槙，箕子朝鮮，衛氏朝鮮，扶餘
★異民族によって亡ぼされた民族
邑婁，林邑，扶南，大月氏
☆他民族に服属した民族
沃沮，堅昆，大宛，鮮卑，拓跋部，鄯善，于闐，疏勒，西甌王国，蒼梧王国
[後漢時代]
●漢民族によって亡ぼされた異民族
扶餘，北匈奴，西匈奴，車師後王国，車師前王国，康居
◎漢民族に服属した異民族
丁零，堅昆，南匈奴，西羌，扶南
★漢民族以外の異民族に服属した民族：邑婁，大宛
[三国時代]
●漢民族によって亡ぼされた異民族：烏桓
◎漢民族に服属した異民族：鮮卑
[五胡十六国時代]
◎漢民族に服属した異民族
羯，羌，白羅，氐の一部，鮮卑，匈奴
[隋時代]
●漢民族によって亡ぼされた異民族
氐の一部，赤土国
◎漢民族に服属した異民族：吐谷渾
★漢民族以外の異民族に亡ぼされた民族
奚，契丹，林邑，靺鞨，勿吉

しい中国というイメージに塗り固められているという事情がある。

たしかに日常使っている漢字も中国で作られたものだし、仏教も中国を通して日本に渡ってきた。日本にとっては、まさに中国は文化の先生といえる存在である。多少の引け目を感じても無理はない。

だが、それは中国という国と歴史が持つ陽の部分にすぎず、しかもそれは全体像からすればほんのわずかな部分にすぎないという事実を、ここらで日本人は認識すべきである。いたずらに美化し、自分勝手に築き上げた虚妄《きょもう》の中国像を実像と見誤っては、国の行く末を誤らせることになる。

筆者はあえて本書で、中国という国の歴史、漢民族という民族の陰の部分に焦点をあててみたいと考えている。それは一言で言えば、周辺異民族に対する侵略と抹殺、国内においては王朝交替ごとに数千万人単位で繰り返された大虐殺の、まさに戦慄の中国四〇〇〇年史である。

中国政府も政府要人も折に触れて、「日本は歴史の勉強をして下さい、正しい歴史認識を持って下さい」と批判するが、筆者は、そっくりこの言葉を中国政府と、すべての中国人にお返ししたい。中国が過去、その数千年の歴史において、いかに侵略、支配、略奪、

漢民族をめぐる周辺異民族の興亡（その2）

［唐時代］

●漢民族に亡ぼされた民族

百済，穢，高句麗，烏洛侯，婼羌，白蘭，室韋，西突厥，南詔，吐蕃，高昌

◎漢民族に服属した異民族

東突厥，回骨，沙佗，鉄勒，結骨の一部，吐蕃の一部，党項

★漢民族以外の異民族に亡ぼされた民族

渤海，靺鞨，奚，シュリーヴィジャヤ，裸人国，羯邏禄，驃

［五代十国］

★漢民族以外の異民族に亡ぼされた民族

遼，大理，西遼，西夏，パガン朝

［南宋，金時代］

●漢民族に亡ぼされた異民族

金，完顔，オイラート

★漢民族以外の異民族に亡ぼされた民族

ソロン，ジャラル，メルキット，ケレイト部，ナイマン

［元時代］

★漢民族以外の異民族に亡ぼされた民族

パガン朝，アユタヤ朝，スコータイ朝，クメール朝，大理

☆漢民族以外の民族に服属した民族

高麗，吐蕃，ダイヴェト，チャンパ

［明時代］

◎漢民族に服属した異民族

李氏朝鮮，建州女直，野人女直，海西女直，サリウイグル，ウスツアン，ビルマ，シャム，大越国，チャンパ，クメール朝

［清時代］

◎漢民族に服属した異民族

李氏朝鮮，チヤハル部，ハルハ部，ワラ部，ジュンガル部，チベット，回部，グルカ，ビルマ，シャム，安南，カンボジア，アチュー

虐殺、抹殺、差別、虐待を繰り返してきたか、じっくり見つめ直すべきである。

しかし中国は、自国の子どもたちに、これらのことを教えることは、けっしてない。つまり、加害者としての反省が何もない。筆者がこの点を述べると、中国のある学者は、日本人もアイヌ民族を同様に扱ったのだから、中国のことは批判できないのではないか、と反論した。

アイヌ民族の場合と、中国の周辺異民族との場合とを比較することは、言うも愚かである。アイヌの人たちが東北地方から北海道方面に追いやられたことは確かである。また江戸時代、北海道の管理を任せられた松前《まつまえ》藩に搾取《さくしゅ》されたために、反乱が起きたことも記録に残っている。しかしながら、日本人はアイヌ民族を大量に虐殺したり、生き埋めにしたり、あるいは奴隷として売買するなどということはしなかったし、まして民族をまるごと絶滅させるなどという蛮行は行なっていない。だが、中国の場合には大集団の民族さえも、無数に絶滅させているのである。

ちなみに台湾の有名な評論家で歴史家の柏楊《はくよう》氏は、中国四〇〇〇年の歴史と文化について、「中国史はまさに迫害の歴史であり、中国文化は人間に対する尊厳と包容力に全く欠けている」と分析している。

絶滅させられた異民族の言い分を代弁するむずかしさ

漢帝国時代の司馬遷《しばせん》は、殷《いん》から漢《かん》までのそれぞれの歴史を『史記』としてまとめたが、彼は時の権力者に阿《おもね》ったり嘘を書いたり、あるいは曲げたりということをせず、陽の部分も陰の部分もキチンと記述をして漢民族の所行を後世に伝えている。これが正しい歴史認識の態度である。

筆者はもちろん、司馬遷には遠く及ばないが、少なくとも日本人が知らなかった中国史の陰の部分にスポットを当てて、これまでの美化されすぎた中国史とバランスを保とうと決心し、筆を取り上げた次第である。

特に、中国四〇〇〇年の歴史で、なぜ、王朝交替があるたびに数千万人もの人々が殺戮されるのか、なぜ、漢民族が居住していない遠隔地を、皇帝が支配できたのか、なぜ、朝貢制度というものが、二十世紀まで行なわれていたのかなど、疑問が次から次へと湧いてくるが、残念ながら、日本の書物も中国の書物も、筆者の疑問に明確に答えてくれなかった。つまり漢民族のマイナス的側面を扱った書物が、きわめて少ないのである。

加えて、中華文明の陰にスポットを当てる作業が厄介なのは、資料が中国側のみにあって周辺異民族の側にないことである。したがって本書の進め方も、中国王朝を流れの中心にもってこざるをえない。つまり加害者側の資料から被害者側の事跡を探る記述にならざるをえないことである。

しかしながら、過去一〇年間で数百冊に及ぶ中国関連の書物や、関連する他分野の学問書から、おぼろげながら解答を得ることができた。そして特に興味あるポイントや疑問に関しては、自分なりの仮説を立て、あとは直接、中国や韓国に足を運んで一つずつ確認する方法を取ることにした。このようにして出来上がったのが、以下に続く正統・中国史である。

筆者が自身の疑問に基づいて、過去一〇年間議論・討論を行なってきた中国と韓国のおもな関係機関は、以下の通りである。

〔中国〕人民解放軍、国防大学、中国国際戦略学会、社会科学院、中国外交学会、新華社通信社・国際問題研究所、北京大学、復旦大学など。

〔韓国〕韓国国防大学院、第三軍士官学校、国立ソウル大学、大邱《テグ》科学技術大学など。

さてそれでは、殷帝国から最後の清帝国までの中国の正史を記述していくことにしよう。

一章 「中華思想」と「漢民族」の誕生

（殷《いん》・周《しゅう》の時代 前一六〇〇年ごろ～前二二一年）

――最古の王朝の成立と、「中国」を読みとくカギ

(一) 中国文化のキーワードと特色

「黄帝《こうてい》」廟に記された「参詣の心得」とは

中国の成立を語る上で三つのキーワードがある。「黄帝《こうてい》」「黄河《こうが》」「黄土《おうど》」の三つだが、まず、中華民族にとっての祖と敬われている「黄帝」のことから述べることにしよう。

黄帝というのは、伝説上の帝王で、さまざまな道具を作り、制度を定めて、中国人に文化的生活を享受させた最初の帝王ということになっている。ただし『書経』『詩経』などの古文献にはその名が見えず、その伝説が成立したのは、漢の初めごろであろう。辛亥革《しんがい》命（一九一一年）が起こった当初は、年号を黄帝紀元四六〇九年と称した。それによると黄帝の即位は紀元前二六九八年ということになるが、もちろんこれには何ら根拠はない。

それはともかく、中国では古くから「黄帝」の存在が信じられ、歴代王朝の皇帝は、新しく就任すると必ず黄袍《こうほう》を着て黄帝廟に参詣し、王朝の発展を祈願してきた。この習慣は毛沢東《もうたくとう》の時代になっても変わらず、江沢民の国家主席就任の時においても踏襲されている。

この黄帝陵は西安《せいあん》市から東北へ約一八〇キロ、陝西《せんせい》省黄陵県城のはずれの橋山にある。黄帝廟は橋山の麓の樹齢五〇〇〇年を超えると言われる巨木に囲まれた閑静な場所にあるが、その「参詣の心得」に、次のような文章が記されている。

「漢民族の始祖である黄帝は、わが国五六民族、一二億人民の共通の祖先である。女真《じょしん》族の金《きん》朝、蒙古《もうこ》族の元《げん》朝、漢族の明《みん》朝、満族の清《しん》朝はいずれもこれを誇りとして年々祭典を執り行ない保護してきた。この伝統を継承し厳粛に拝礼すべし」と。

中国政府がこれによって、現在の五六民族は、みな同一の先祖を持つ兄弟のようなものだとして結束を呼びかけ、同時に少数民族圧迫の口実にしようとしていることは明らかである。だが漢民族以外の国内五五民族のうち、この記述をまともに受け止めている者はほとんどいない。

だが、中国人が黄帝をもって、漢民族の祖先と考えていることは確かである。

なぜ中国の建造物には「赤」が多いのか

さて、次に「黄河」は、中国文明にとってはまさに母の役割を果たしてきたことは、よく知られているとおりである。中国では揚子江《ようすこう》に次ぐ第二の長流で、全長五四六四キロメートル、その源は青海省中部の雅拉達沢山《やらだつおさん》(五二四二メートル)麓にある約古宗列《よぐぞんりえ》盆地の小さな泉であることが、一九八五年七月、国務院黄河水利委員会によって判明した。

そして中国での調査によると、紀元前六〇二年の「周」の定王《てい》五年から現在まで、およそ二六〇〇年の間に、黄河は大小合わせて一五九〇回の氾濫を起こしているが、氾濫時に広がった河幅には大量の泥土が沈殿し堆積を重ねていくことになる。こうして黄河を中心とする中流域や下流域一帯には黄土層が広がっていった。

キーワードの三つ目となる黄土層は、西は青海省、甘粛省《かんしゅく》、南は陝西省《せんせい》、河南省《かなん》、北は山西省《さんせい》、内モンゴル、東は山東省《さんとう》、河北省《かほく》にまで広がるが、その総面積は約一〇〇万平方キロと言われる。この黄土という土壌は、化学的にはアルカリ性の上に、鉄分を多量に含んでいる。そしてこの土壌は、乾燥時には単なる黄色い土であるが、ひとたび水を含むときわめて肥沃な土壌となるので、農耕には最適の環境になる。

ところで、一般に中国では歴史的建造物はもとより、一般建築物、たとえば個人商店やホテル、レストランなどにいたるまで、赤(朱、紅)色を塗ったり施したりしたものがきわめて多い。なぜかというと、その秘密はこの豊富な黄土にあるのである。黄土には多量の酸化鉄が含まれているので、これを焼けば紅色となる。さらにこの酸化鉄は、着色剤、

中国・55の少数民族，民族名と人口数

壮(チワン)族㊾　1,555万人	錫伯(シボ)族㊹　17万人
満(マン)族㉓　984万人	仫佬(ムーラオ)族㊼　16万人
回(フイ)族⑱　861万人	柯爾克孜(キルギス)族㊳　14万人
苗(ミャオ)族㉞　738万人	達斡爾(ダフール)族㉒　12万人
維吾爾(ウイグル)族㊴　720万人	景頗(チンポー)族㉙　11万人
彝(イ)族⑥　657万人	布朗(プーラン)族⑪　8万人
土家(トウチャ)族㊱　572万人	撒拉(サラ)族⑯　8万人
蒙古(モンゴル)族⑳　480万人	毛南(マオナン)族㊽　7万人
蔵(チベット)族51　459万人	塔吉克(タジク)族㊵　3万人
布依(プイ)族㉜　254万人	普米(プミ)族⑨　3万人
侗(トン)族㉟　250万人	阿昌(アチャン)族㉘　2万人
瑶(ヤオ)族㊻　213万人	怒(ヌー)族⑤　2万人
朝鮮(チョウスン)族㉖　192万人	鄂温克(エヴェンキ)族㉑　2万人
白(ペー)族⑧　159万人	京(キン)族㊿　2万人
哈尼(ハニ)族⑫　125万人	基諾(ジノー)族②　2万人
黎(リー)族㉚　111万人	徳昂(ドアン)族㉗　2万人
哈薩克(カザフ)族㊸　110万人	烏孜別克(ウズベク)族㊶　2万人
傣(タイ)族⑩　102万人	我羅斯(オロス)族㊺　2万人
畲(ショオ)族㉛　63万人	裕固(ユーグ) 族⑮　1.2万人
傈僳(リス)族④　57万人	保安(ボウナン)族⑰　1.1万人
仡佬(コーラオ)族㊲　43万人	門巴(メンパ)族52　7000人
拉祜(ラフ)族①　41万人	鄂倫春(オロチョン)族㉔　7000人
東郷(トンシャン)族⑲　37万人	独龍(トールン)族③　6000人
佤(ワ)族⑬　35万人	塔塔爾(タタール)族㊷　5000人
水(スイ)族㉝　34万人	赫哲(ホジェン)族㉕　4000人
納西(ナシ)族⑦　27万人	高山(ガオシャン)族55　3000人
羌(チャン)族54　20万人	珞巴(ロッパ)族53　2000人
土(トゥ)族⑭　19万人	その他未識別民族（75万人）

総計9113万7000人　　資料：中国人口統計より（1997年）

民族名のあとの数字は，P. 17の地図における居住域を示す

絵の具、研磨材などにも利用されてきた。

また、「周」時代の戦車は、すべて赤色の漆《うるし》を塗ったし、「春秋・戦国」時代には、誓約書なども朱色を使った。その意味するところは太陽や血の色につながる神聖、力、権威、悪魔駆除などで、特に建築上の配色として、朱色と緑青《ろくしょう》を対比して使っているのも、朱色に呪術的要素を認めているからであろう。

さらに「周」時代になると、朱色には繁栄、幸運、寿、目出たさなどを表わす意味が加わったために、一般民衆にもこの色の利用が広まった。建築物だけでなく軍旗、礼服をはじめ、商店や料理店や日常生活用品などにも好んで朱色が使用されるようになったのは、以上の理由による。

また、朝鮮やヴェトナムの寺院でも朱色や青色をふんだんに使用しているし、日本でも奈良の枕詞《まくらことば》として「青丹《あおに》よし」と謳《うた》われるが、この丹《たん》は真っ赤に燃える物の意味で、その原料は硫化第二水銀である。ちなみに奈良県は銅と水銀の産出県でもあった。

ともあれ、中国文明のキーワードは黄帝、黄河、そして黄土であることを認識しておく必要があり、それを踏まえて次に漢民族がいかに形成されたかを、周辺部との関係で探っていくことにしよう。

そもそも漢民族は、どこからやってきたのか

漢民族がいかにして出現してきたのかについては、考古学書を紐解《ひもと》いてみても、漢民族の定義そのものが曖昧模糊《あいまいもこ》としているために、明解な正答を得ることはむずかしい。がしかし、少なくとも華北地方に居住している間に「漢字」を発明した民族であることには異論がないだろう。

その後、漢民族は現在の中国領域内に拡大していくが、本格的に辺境地にまで進出するのは、二十世紀に入って中華人民共和国が一九四九年に建国して以降である。それゆえ一般的には、漢民族とは現在の中国正州（本土）に居住する黄色人種で、中国語を話し漢字を使用する民族と言えるが、では漢民族はもともと中国正州で発生し、その後次第に発展拡大したのかと言うとそうではない。

古人類学的、考古学的に調査をしていくと、漢民族の始祖は単一ではなく、はるか西北方から黄河に沿って東進した多くの遊牧民が、肥沃な土壌である黄河流域に定着して農耕を始め（ただし、この場合の農耕とは稲作ではなく、畑作農業である）、その過程で民族の融合が図られたと見るのが正しい。紀元前四〇〇〇年ごろ、「仰韶《ヤンシャオ》文化」が黄河の上流や中流域に出現したが、前二三〇〇年ごろには「龍山《ロンシャン》文化」が、黄河中流域と下流域に広が

りを見せている。

ちなみに、実在が確認される中国最古の王朝は「殷《いん》」で、紀元前一六〇〇年ごろから紀元前一一〇〇年前後まで、黄河中流域で栄えた。一方漢字の祖型ともいうべき甲骨《こうこつ》文字は、少なくとも紀元前一五〇〇年ごろには発生していたと考えられるので、それであれば、「殷」の成立とほぼ同じころということになる。

もっとも二〇〇四年の七月に、「殷」より前の王朝である「夏《か》」の宮殿跡が発掘されたと中国社会科学院が発表したが、文字そのものは殷の甲骨文字に始まったことは間違いないようである。

では、西域方面から黄河や渭水に沿って東進してきた漢民族の祖先たちの中に、どのような民族や部族がいたのかは、「殷」時代になるまでまったく不明である。

世界の学者が唱える学説は種々あって興味深いが、決定的なことは、いまだ分かっていない。

たとえば、オックスフォード大学のバクストン教授は、漢民族の祖先はタリム盆地の住人だとし、フランス人学者のラクペリーによればバビロニアからきたセム人の一種と考えている。また、ドイツ人学者のリヒトホーフェンは、白人の故郷ともいえるイランが、同

「殷《いん》」時代（B.C.1600年〜B.C.1100年ごろ）

「周《しゅう》（西周《せいしゅう》）」時代（B.C.1100年ごろ〜B.C.770年）

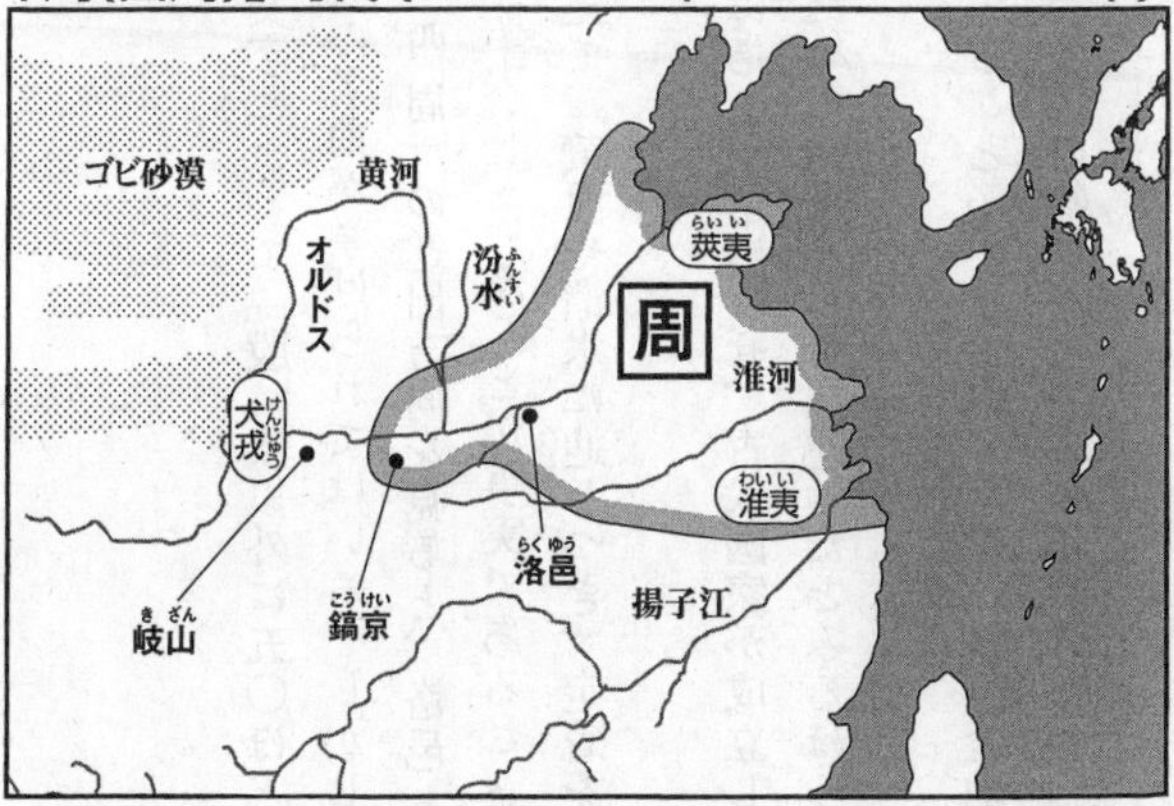

時に漢民族の発生地ではないかと推測している。

古代国家が黄河流域に誕生した理由

歴史時代に入った「殷」の時代になると、甲骨文字によって「殷」族以外に五〇ほどの氏族集団（のちに国になる）や、五〇を超える蛮族の名前が挙げられてはいる。しかしながら、「殷」の勢力圏拡大方向や、その後に続く「西周《せいしゅう》」の進出方向を見ると、洛邑《らくゆう》（洛陽）や鎬京《こうけい》（のちの長安、現在の西安）から東方へ拡大していることが事実であることから、漢民族となる民族集団は西の方から砂漠を越えて、黄河や渭水に辿《たど》りつき、定着をしていったと見るのが自然である。

ただ黄河の中流域である洛邑や、渭水のほとりにある鎬京になぜ、古代国家が成立したかと言えば、農耕地としての魅力よりも、交易のための拠点として発達したとみるほうが妥当である。

その理由は大黄河の幅は広く、下流域では渡河することが困難であったが、洛邑盆地や鎬京付近は比較的楽に渡河が可能であり、このため各地の物産が市場に集積できたからである。

つまり中国の古代国家の王は、農産物や魚肉類の集まる市場の商権を握ることによって、次第に勢力を拡張していったものと思われる。

「殷」族が黄河中流域から下流域にかけて氏族連合体を形成しはじめたころ、中国各地にもそれぞれ先住民族がいたことが知られている。

ともあれ現代中国人の祖型は、モンゴロイドを主流として、ツングース系、蒙古《もうこ》系、チベット系、トルコ系そしてイラン系などの遊牧・狩猟民族が融合されて形成されていったと考えられる。

ちなみに現在の朝鮮民族は、ツングース系人種である。

また、漢民族の形成に西方遊牧民族が強く影響をしている事実として、茄子《なす》や胡瓜《きゅうり》（ともにインド原産）、そして西瓜《すいか》（アフリカ原産）が早い時期から中国で生産されていることが挙げられる。

さらには、考古学的、人類学的資料は少ないが、西方イラン（ペルシャ）からの民族も、ペルシャ原産のブドウやザクロなどの植物とともに、古い時代に中国へ移入している。

歴史時代最古の国家「殷」帝国の成立

史書によれば、「殷」の始祖である契《せつ》は、伝説の王朝・夏《か》の禹《う》王による黄河の治水事業を助けた功績により、帝舜《しゅん》の時代に河南の「商《しょう》」の地に封ぜられたと言われる。殷の名前は、商王朝の遊猟地から取ったと言われるが、国号である「商」という字は、実は女性が子どもを生む股間の穴、つまり女陰を表わす文字である。さらに「殷」という文字も、象形文字である「身」と、ある行為を行なう意味の「殳」を合わせた会意文字で、女性が胎児を胎内に隠しもつ意味の文字である。すなわち、殷や商という文字は、原始時代の懐妊の喜びと部族発展を寿《ことほ》ぐ意味があると言われている。

さて、「殷」は紀元前一六〇〇年ごろ、部族国家の連合体として華北一帯を支配したが、この帝国の出自が遊牧民であったことを類推させる貴重な証拠・資料がある。

一つは、この帝国の首都が、始祖から十一代・湯《とう》王にいたるまでに八回も遷都を行なっているという事実である。さらに湯王から数えて十九代目にあたる盤庚《ばんこう》の代までに、五回の遷都を行なったとされている。

もう一つは、殷帝国では各種の祭りで、必ず「動物」を祭壇前に犠牲の供物《くもつ》として捧げていたことである。それも当初は羊、牛、豚だったが、時代が下ると、敵となった羌《きょう》族の人間を捕らえて犠牲の材料にしていたことも分かっている。牛や豚は食用として利用されるが、羊は毛を産するために遊牧民にとって最も重要な動物である。

つまり遷都を繰り返していたという事実と、神を祀る際に羊を犠牲に用いたということから、殷の出自は、もとは遊牧民であったのではないか、という推測が成り立つのである。

殷は紀元前一三〇〇年ごろには、すでに精巧な青銅器を製作し、さらには漢字の祖型である甲骨《こうこつ》文字を発明していた。甲骨文字は河南《かなん》省安陽《あんよう》県小屯《しようとん》村の殷墟《いんきょ》と伝えられていた地で、一八九九年に発見されたが、この文字は新石器時代の範疇に入る龍山文化時代の純粋な絵画文字からは相当進歩したもので、この文字になるまでにはかなりの時間を要したと考えられている。出土した文字三〇〇〇のうち、八〇〇字ほどは解読されたが、この事によって、殷時代の祭祀《さいし》、社会、政治、経済などが解明されはじめ、それまでは伝説の域を出なかった殷帝国の存在が、歴史時代として認識されるようになった。

漢字はその後も増えつづけ、宋《そう》の時代、丁度《ていど》（九九〇〜一〇五三年）や司馬光《しばこう》（一〇一九〜一〇八六年）が編纂した字書は、五万三五二五字に達した。

「殷《いん》」の旧蹟から出土した大量の首なし遺体

「殷」は約五〇〇年間続いたが、その間に何回も遷都を繰り返していることは、前述したとおりである。その理由は、元来が遊牧民出身ということに加えて、チベット系の民族である羌《きょう》族に圧迫されたからである。殷時代の羌族はチベット高原から羊を追いながら東へ移動し、一部は渭水に沿って東漸し、さらにその一部は黄河を渡って山西省方面に赴《おもむ》いた。また他は、揚子江の中流から下流域に進出した。

殷にすれば、羌族の圧迫によって遷都を余儀なくされたために恨みは深く、このため、やがて祭壇への犠牲用供物として、羊の代わりに羌族の首を供えるようになった。このことは、有名な殷墟や旧首都を発掘すると、必ず羌族の首なし遺体が現われることでも証明されている。すなわち殷墟の西北部に「祭祀坑《さいしこう》」と呼ばれる墓が二五〇ほど発見されたが、一つの坑に八～一〇体の人骨が重なっている上に、大部分は首が切断されており、未発掘分も含めると総数は二〇〇〇体にものぼると見られている。

中国最長の王朝「周《しゅう》」帝国の成立

一方、殷のあとを継ぐことになる周《しゅう》族は、考古学的、古人類学的に見ると、モンゴルのステップ地帯から羊を追ってオルドス地方に入り、次いで黄河の東側汾水《ふんすい》のほとりに定住し、氏族連合体を形成していた。ところが殷時代の後半、周十三代の古公亶父《ここうたんぽ》の時代になって殷族の侵攻を受けたため、黄河を西に渡って陝西《せんせい》省の岐山《きざん》に逃れ、都市国家連合を形成した。

そして周の十五代の文王《ぶんおう》は、西方羌族のリーダーである太公望呂尚《たいこうぼうりよしょう》を師に迎え、殷打倒の準備を開始した。一族を殷の生《い》け贄《にえ》にまでされて恨みの深かった呂尚は、周の十六代武王《ぶおう》を助けて殷を破り、紀元前一一〇〇年ごろ「周」が樹立された。呂尚はこの時の功績で山東省の地を与えられ、「斉《せい》」を建国した。

周は、紀元前七七〇年に西方の犬戎《けんじゅう》の侵攻にあい、鎬京を棄てて都を東の洛邑に移した。それゆえ、鎬京での約三三〇年間を称して「西周《せいしゅう》」、紀元前二五六年、「秦《しん》」に滅ぼされるまでの洛邑での五一四年間を称して「東周《とうしゅう》」と呼んでいる。周は東西あわせて八〇〇年以上続いたことになるが、これは中国歴代王朝の中でも最長であり、二番目の漢が、前漢と後漢をあわせても約四〇〇年であることから見ても、その長さはきわだっている。

(二) 漢民族と周辺異民族

「中国」という呼称、「支那《シナ》」という呼称

ところで、われわれ日本人は隣りの大国を中華人民共和国、あるいは略して中国と呼んでいるが、江戸、明治、大正期の人々は支那とも呼んで来た。現在日本では、この呼称は正式には使われていないが、中国人が自称する「中国」とは、周辺の夷狄《いてき》に対立する概念であり、中国とは文字どおり、優れた文化・文明の花咲く中央の国、という意味である。つまり中華とは中国人が自国を呼ぶときの美称でもある。

逆に「支那」というのは、主に外国人が中国を呼ぶときに使用したもので、その由来は、始皇帝《しこうてい》の建国した「秦《しん》」にあり、この国名が周辺諸国から欧州に伝わり、チン、シナ、シーヌ、チャイナなどとなったのである。インドで書かれたサンスクリット語の仏典の中に中国事情を記したものがあり、ここから「支那」などと漢訳されて中国にも逆輸入された。

現在でもほとんどの国が、「中国」とは呼ばず、「シン」を語源とする呼称を用いている事実は、日本人も知っておくべきであろう。

現在の中国人は、世界のほとんどの国がシナを語源とする呼び方で中国を呼んでも何ら異議を唱えないが、日本人がシナと呼ぶことを極端に嫌っている。千葉県内のある大学で講師をしていた日本人の先生がシナと呼び続けたことに中国人留学生が大学当局に抗議し、その結果この先生は辞職を余儀なくされたということが二〇〇〇年にあった。異常な反日教育と日本人の事なかれ主義の結果である。

ともあれ、周の時代には、すでに黄河中流域から下流域一帯に定住して、漢字を使用している人民を漢民族とし、漢字を使用していない周辺異民族を「東夷《とうい》・西戎《せいじゅう》・南蛮《なんばん》・北狄《ほくてき》」と呼んで卑《いや》しむ考え方が成立している。つまり異民族を呼ぶ際は、ほとんど鳥獣や昆虫に近い漢字を当てることによって、漢民族と明確に区別したのである。

歴代漢民族帝国にもたらした異民族の貢献とは

漢民族からは常に低く見られてきた周辺異民族ではあるが、中国四〇〇〇年の歴史を眺めると、たしかに、異民族自身は一部を除き、見るべき文化をほとんど持たなかったし、漢民族社会の秩序を混乱させたり、時には破壊するエネルギーはあっても、新しい文化や文明の構想を漢民族に与えることはなかった。

しかしながら彼ら異民族が、漢民族社会に与えた貢献も無視することはできない。すなわち、ほとんどの中国歴代王朝の末期には、朝廷内の官僚によって官位や財産が独占され、貴族も世襲となり、下層階級においても農奴的地位が固定化するなど、社会全体が硬直化をきたしていたのだが、異民族が、これらの体制を破壊し新体制を成立させる原動力となったことである。

時代は下るが、特に三国時代（三世紀）の末期、蒙疆《もうきょう》の諸民族やチベット族が大挙して漢民族居住地に侵入し、いわゆる五胡十六国《ごこじゅうろくこく》時代（四世紀から五世紀ごろ）を現出させるが、これによって、それまでの漢民族という人種をほぼ絶滅させ、異民族との混血による新たな漢民族を出現させたことは、特筆すべきことであった。したがって隋《ずい》（五八一～六一九年）から始まる現在の中国人は、新種とも言うべき漢民族なのである。

周辺異民族が果たした第二の貢献は、特に北方遊牧民族である匈奴《きょうど》に代表される「騎馬戦術」が、漢民族にもたらされたことである。中国では春秋時代（紀元前七七〇～前四〇三年）には鉄製農具の使用によって農業が大いに進歩し、いわば農耕民族としての基礎が確立されつつあったが、軍隊は戦車に率いられた歩兵中心の部隊が戦場を疾駆《しっく》していた。

しかし、匈奴の騎馬戦術に悩まされた戦国時代の「趙《ちょう》」の武霊王《ぶれいおう》は、胡服騎射《こふくきしゃ》戦術を輸入し、その修得に努めた。胡服とは、北方民族の衣服のことである。そしてこの騎馬戦術は次第に戦国時代にも広まり、戦車戦術を無用のものとさせ、秦王《しんおう》・政《せい》（始皇帝）は騎馬戦術を使った包囲殲滅《せんめつ》戦を行なって、漢民族社会を統一した。

さらに、後の漢《かん》以降の歴代王朝も、騎馬戦術をもって国家統一を成し遂げたばかりでなく、三〇〇〇キロ、ときには四〇〇〇キロ彼方の地までも遠征を試み、版図《はんと》拡大に役立てた。特に、新漢民族となった「隋《ずい》」以降の中国人には、南部の農耕民族も含めて遊牧騎馬民族としての体質が濃厚に入った。

さらに第三の貢献としては、漢民族に万里《ばんり》の長城《ちょうじょう》を築かせたことである。長城は北方遊牧民族の侵入から国土を防衛するために、春秋戦国時代の列侯たちが築き始め、その後、秦の始皇帝が引きつぎ、明《みん》王朝まで建設が続けられて完成をみた。

東は山海関《さんかいかん》から西は嘉峪関《かよくかん》まで、枝分かれしている部分も含め、総延長で六〇〇〇キロにも及び、人類史上最長の建造物と言われている。いかに北方遊牧民族の中国侵入が、歴代王朝にとって脅威であったかを如実に語るものである。つまり長城は、北方異民族と漢民族とを隔てる明確な国境線の証拠であって、現在、長城を越えて中国人が東北地方（旧満州）に移住しているのは、漢民族による侵略の証明に他ならない。

中国が異民族に強制した「三跪九叩頭《さんききゅうこうとう》」とは

中国の歴代帝国は漢民族を直接支配したが、同時に周辺の異民族に対しても服従を求めた。これに対して強大な異民族の場合には、これを拒否することもあった。その場合には中国歴代帝国は大軍を送って、これを屈服、服従させる政策を採ったが、ときには逆に大敗を喫し、屈辱的な和議を結ばなければならない場合も、またしばしばであった。

それゆえ、強大な周辺夷狄に対しては懐柔策を採り、部族の長や首長らに、中国の官位爵位を与えたうえで、その民族の風習に従って統治することを認めるという間接統治の方法を用いた。これを「羈縻《きび》政策」という。羈《き》とは馬を繋ぎ、縻《び》とは牛を繋ぐ意味であるが、中華帝国にしてみれば、周辺異民族を手懐《てなず》けることによって、皇帝の威光が異民族にまで及ぶことを人民に知らしめることが最大の狙いであったから、異民族が王朝から離反さえしなければ、それで満足した。

この「羈縻政策」を最も巧みに使ったのは「唐《とう》」で、西域その他の服属地には「都護《とご》府《ふ》」を置き、その配下の長官らはその地の有力者を任命し、唐の支配感を与えることなく統治することに成功した。こうした州を「羈縻州」と言い、最盛時には八〇〇近くも存在した。

なぜ、漢民族がこうした政策を採ったのかと言えば、それは漢民族皇帝が最高の権力者であり、自分たちの住む地域が中華、すなわち『宇宙唯一の文明地』だと信じていたからである。なんとも誇大妄想的発想であるが、漢民族はこの考えを四〇〇〇年間にわたって持ち続けてきた特異な民族であると言える。したがって実質上はどうあれ、少なくとも名目上は、すべての周辺異民族を支配していることにしないわけにはいかなかったのである。

それゆえ中華帝国皇帝も人民も、そもそも周辺諸国と中華帝国の間に対等な外交関係が存在するなどということは、夢にも考えたことがなかった。あるのは朝貢《ちょうこう》や冊封《さくほう》という形での中国への服属だけで、朝貢を望む部族長や冊封を受けにやってくる国家はすべて、三跪九叩頭《さんききゅうこうとう》（三度跪《ひざまず》き、九回地面に頭をつけてお辞儀する事）することが要求された。

余談ながら筆者は一九九七年に、中国の人民解放軍・国防大学を訪問し議論をしたが、その時、国防大学教官たちは、「日中関係は過去二〇〇〇年間、友好関係にあったのに、日中戦争で日本人がこれを壊してしまった」と説明したので、筆者は「中国は四〇〇〇年間にわたって外国人に朝貢関係しか認めず、必ず三跪九叩頭を強制してきたのに、これが平等な友好関係と言えますか」と反論すると、彼らは一様に気まずい顔をして沈黙してしまった。

中国の国名が必ず一文字である理由

また中華帝国の特徴は、その国家名にもあり、漢民族の建国した王朝の名称は必ず一文字で表記することになっていた。例を挙げれば殷、周、秦、漢、魏《ぎ》、蜀《しょく》、呉《ご》、晋《しん》、隋、唐、宋、元、明、清などである。これに対して、周辺の夷狄国は、二文字または三文字で表記された。たとえば匈奴《きょうど》、東胡《とうこ》、烏桓《うがん》、靺鞨《まつかつ》、鮮卑《せんぴ》、拓跋《たくばつ》、高句麗《こうくり》、新羅《しらぎ》、高麗《こうらい》、渤海《ぼっかい》、突厥《とっけつ》、吐蕃《とばん》、倭奴《わど》などである。

いずれも動物や昆虫などの名前を付けて、馬鹿にして呼んだ名称である。たとえば「蒙古《もうこ》」(無知で愚鈍)、「匈奴」(不吉な下郎)、「烏孫《うそん》」(烏の末裔)、「穢貊《わいばく》」(汚いイタチ)、「靺鞨《まつかつ》」(サソリのような奴)などである。

日本人のことはどうかというと、江戸時代に博多湾の志賀島《しかのしま》で見付かった金印に「漢委奴国王」とあるように、実は日本人のことは「倭奴《わど》」と呼んでいたのである。日本では長い間、これを「委《わ》の奴《な》の国王」と読んできたが、奴の読み方に無理があるし、そもそも中国では奴という文字は「匈奴」のような使い方をしている。つまり日本人のことは、コビトのような奴隷と見ていたと考えるのが妥当である。

もっとも、では「羌《きょう》」や「氐《てい》」はなぜ一文字なのかという疑問が生じる。しかし、これらの民族も、初期は「羌奴《きょうど》」とか「氐戎《ていじゅう》」などと呼ばれていたはずである。それがなぜ、一文字になったかと言えば、彼らは殷・周の時代からその一部が、漢民族王朝内で枢要な地位を占めるようになった（たとえば周の倒殷を助け、斉を建国した太公望呂尚のように）ため、漢民族に準じる扱いをされたのではないかという推測が可能である。ちなみに韓国人が日本人をけなすときには、「倭奴《ウエノム》」と呼んでいる。

夷狄の中には中華帝国におもねるあまり、自国の国家名さえ中国につけてもらおうとする国もあった。朝鮮半島において「高麗《こうらい》」を倒し、新たに国を建国した李成桂《りせいけい》（一三三五～一四〇八年）は、一三九二年十一月二十九日、使者を宗主国である「明」に遣わし、自国の国号を「朝鮮《ちょうせん》」とすべきか「和寧《わねい》」とすべきかを選択してもらった。その結果『朝鮮』が選ばれたが、ついでに朝鮮では「明」の年号を自国の年号として使用する許可までも得ている。だが、『朝鮮』という名前はまだ夷狄の中ではましな方であった。

間宮林蔵《まみやりんぞう》が目撃した朝貢《ちょうこう》貿易の実態

では、「朝貢貿易」とはいかなるものであろうか。中国人の考える朝貢とは、以下のような意識から出ている。すなわち、中国という国は天下の中央を占めており、気候は温暖、産物は豊かなので自給自足が可能であり、したがって、本来外国貿易を行なう必要は一切ない。これに反して周辺に住む夷狄蛮戎の輩《やから》は、土地は痩《や》せて産物も少なく文化も低いために、中国と交易をしなければ最低限の文化的生活すら営むことのできない哀れな奴らである。

したがってこの交易は、夷狄に対して中国が恩恵を施してやるべき性質のものである。それゆえ、朝貢者は中国皇帝に対しては三跪九叩頭《さんききゅうこうとう》して感謝の意を表わすことが当然だという認識である。

一八〇九年に樺太《からふと》を探検した間宮林蔵《まみやりんぞう》は、清《しん》に朝貢に赴くという樺太の一首長に同行し、間宮海峡を渡りアムール川を溯《さかのぼ》って、当時デレンと呼ばれた地まで到達した。そこで首長は清帝国の出張官吏に燻製のサケを数匹献上したが、代わりにたくさんの綿織物や陶器類、衣類を皇帝からの贈り物として下賜《かし》され、三跪九叩頭して受け取るのを目撃している。

この朝貢制度は、ほぼ四〇〇〇年前から清帝国が滅びるまで行なわれてきたが、中国の自国民は、いかに皇帝や中華文明が偉大であるかを、この制度によって確認しつづけてきた。その結果、今日では中国人自身は気が付いていないかもしれないが、中国こそが世界の中心であるという意識が、遺伝子にまで組み込まれてしまっているのである。

いまでもこの意識は国際関係においても時おり顔を出し、諸外国をとまどわせ、ときには失笑を買う原因となっている。

今世紀まで存続していた「宦官《かんがん》」の制度

さらに古代の中国で発生した特徴的な制度に、「宦官《かんがん》」がある。国力が安定化し皇帝の権力が強大となった殷では、二十二代皇帝の武丁《ぶてい》の時代となると、四四人の妻を所有するようにまでなっていた。このため宮廷の内部、とりわけ皇帝の周辺には、体力的には女性の奴隷を上回り、しかも後宮《こうきゅう》の后妃たちと性的関係を持ち得ない中性の奴隷が必要となったが、それには男性性器を切除した宦官が最適であった。羌族の捕虜はこうして性器を切除され、男の機能を喪失させられてから、殷王族の家内奴僕《ぬぼく》として使役された。

実は宦官の制度は、中国だけでなく古く西アジアやヨーロッパの遊牧民族諸国にも存在したが、中国では「殷」代から二十世紀初頭の「清」の時代まで連綿として続き、しかも盛んに行なわれたことに特徴がある。ちなみにヨーロッパでは、キリスト教の受容とともに廃止された。

「殷」においては、犯罪者に対する刑罰としても男性性器の切除が行なわれ（宮刑）、代々の王朝に受け継がれたが、「隋」以降、犯罪者に対する宮刑は禁止された。

中国歴代王朝の宦官の数は、「周」では数百人だったが、時代が下るにつれて増大し、「唐」の時代には四〇〇〇人、「明」の末期には一〇万人を超えるまでになった。「清」の場合も、一六五三年には九〇〇〇人、乾隆《けんりゅう》帝のころには二八〇〇人、宣統《せんとう》帝が退位する一九一一年でも八〇〇人を数えた。

宦官は男性としての機能を奪われる代わりに、宮廷奥深く后《きさき》や女官たちの側近くに侍《はべ》ることができたため、皇帝権力に取り入ることは比較的容易であった。そのため、時には国家の政策決定に参画し、極端な場合には皇帝権力の代理人になることもできた。そのため野望に燃えて自ら去勢を施す自宮《じきゅう》者《しゃ》が後を絶たず、時代によっては異民族の捕虜の宦官を上回ることすらあった。ただ権力を握った宦官は大抵の場合、権力者や王朝が交替するときには粛清《しゅくせい》に遭うことが多く、悲惨な最期をたどる者が多かった。

日本ではどうだったかというと、平安時代に、牛馬の去勢技術や、人間の男性性器を切断して宦官とする方法などが伝わったが、採用されることはなかった。この点が遊牧、狩猟、騎馬民族の国と日本との決定的な違いである。

ユーラシア大陸の民族は古代から戦車や荷車、あるいは人を運ぶために馬や牛を利用したが、おとなしく力の強い牛馬として雄の性器を去勢し利用してきた。日本にも平安時代に牛車が入ってきたが、去勢することによって血を見ることを怖れ、牛馬に去勢を施《ほどこ》すことを避け、代わりに人力をつかう「カゴ」が江戸時代の終わりまで続いた事実がある。

北方民族が中国に侵入した本当の理由

ところで歴代の漢民族王朝にとって、周辺異民族の存在はつねに目の上のたん瘤《こぶ》であり、脅威でもあったが、とりわけ中国から見て北方の異民族ほど厄介なものはなかったに違いない。

たとえば、紀元前三世紀から九世紀中頃までの一二〇〇年間には、主なものだけでも匈《きょう》奴《ど》、鮮卑《せんぴ》、柔然《じゅうぜん》、突厥《とっけつ》、回鶻《ウイグル》、吐蕃《とばん》などの遊牧民族が強大な王国を建設し、漢民族の王朝に脅威を与え続けた。

さらに十世紀から二十世紀にいたる一〇〇〇年間には、北アジアと中国に跨《また》がる征服王朝である遼《りょう》（契丹《きったん》族）、金（女真《じょしん》族）、元（モンゴル族）そして清（満州族）が中国に侵入してきて興亡を繰り返した。この間、北方の異民族たちは、中国の農業文化圏とは異質の遊牧、狩猟文化圏を形成し、北アジア文化ともいうべき移動、移住文化を築いて、中国文化に刺激を与えてきたのである。

ただし、注意しなければならないことは、しばしば中国内地に侵入し、時には漢民族王朝を滅ぼして征服王朝を建てた北方諸民族が、「元」を例外として、征服者として臨みながら結局は中国文明に心酔憧憬し、自己の習俗・言語を捨ててまで中国に同化していった事実である。つまり中国を征服するとともに、漢字をものにし漢語を話し、漢文化にどっぷりと浸って自らの文化を喪失して完全に漢民族になりきり、逆に異民族を夷狄《いてき》として差別する側に回ってしまった。

それではなぜ、北方異民族たちは農耕文化圏ともいうべき異質の中国に侵入をしたのであろうか。漢の歴史書を始めとして中国の文献では、つねに北方遊牧民が殺伐とした気風を持ち、好戦勇武の民であるからだと理由を述べているが、事実は逆で農耕の民たる漢民族の侵略こそがその原因であった。

というのも、農耕によって食糧が増産され、人口も増大することになれば当然既存の耕作地だけでは足りなくなり、新しい耕地を求めて周辺へと拡大してゆかざるを得ない。こうした漢民族の周辺諸国への侵略こそが、異民族の中国侵入の引き金となったのである。しかも農耕民族は政治的団結力が強く、組織力もあるため、これをもって遊牧民族の牧草地に侵入し、その家畜を奪ったり牧草地を取り上げて耕作地へと変えていこうとする。これに対して遊牧民は、初めのうちはなすところなく漢民族に屈従し、遊牧生活を捨てて農耕社会に融合するか、北方に逃げるしかなかった。

春秋時代に漢民族王朝以外の地に居住していた戎狄《じゅうてき》と言われた遊牧民などは、戦国時代が終わる紀元前二〇〇年頃には、ほとんどが漢民族に滅亡させられるか、農耕民として漢民族王朝に服属させられて歴史の舞台からその名前を抹殺されてしまったほどである。

ところが、そうしたなかで、ようやく農耕民族の戦闘様式を習得するとともに、同じ遊牧民族である他の部族から騎馬戦術を学び、遠征してくる漢民族王朝部隊に果敢な抵抗を試み、場合によっては漢民族王朝内に積極的に侵入を図る民族が現われるようになった。

特に秦から漢の時代にかけて北辺に居住した「匈奴」は、同じ遊牧民たちが漢民族の侵略と征服を受け、その存在を抹殺された事実に危機意識を募らせ、これに対抗すべく準備を整えつつあった。こうして遊牧民族と漢民族王朝との二〇〇〇年以上にわたる相剋が開始されるのだが、「匈奴」こそ、最初の組織的抵抗者となった。

コメを野蛮人の作物として軽蔑していた漢民族

ここで中国南部の民族にも触れておこう。南部と言えば稲作である。一方、華北地方で農耕といえば畑作である。この稲作は数千年前に雲南《うんなん》省あたりに住んでいた越人《えつ》によって川谷周辺に発生し、逐次揚子江流域に広がってきた。彼らは春秋時代には『荊蛮《けいばん》』と呼ばれていたが、やがて揚子江中流域は『楚《そ》』、下流域は『呉《ご》』とか『越《えつ》』と呼ばれるようになった。そのころは古代タイ語系の言語を話していたと言われている。当然のことながら、華北地方に居住していた漢民族は、稲作やコメについては無知で、コメは野蛮人の食べるものとして卑《いや》しんできた。

漢民族の間に稲作が普及しはじめるのは、華北地方が北方民族によって奪われ、南に逃げた漢民族が六朝時代（紀元後二二二～六〇六年）を築いていったころである。そしてコメが漢民族の主食の地位を得るのは「隋《ずい》」が南北間を結ぶ運河を開削して以降のことである。ともあれ、中国南部の土壌は畑作には向かなかったために、それまで華北の漢民族は、南部にはそれほどの魅力を感じてはいなかった。

余談ながら平成十一年三月十九日の産経新聞報道によれば、弥生人と中国揚子江下流域から発掘された人骨の遺伝子が一致したとのことである。

さらに日本人のDNA鑑定では、現在の日本人の七割は弥生人としての遺伝子を保持し、三割は縄文人としての遺伝子が認められるという。このことは漢民族に支配される以前の稲作民族の一部が大陸から日本に押し渡り、縄文人を排除して日本文化を築いた可能性をものがたっている。

(三) 中国史における「人口大激減」の秘密

なぜ一度に、数千万人の人口が消えるのか

さて、中国の歴史を読みとく手がかりになるものとして、筆者の手元に貴重な資料がある。それは一九四二年十月に発行された『満鉄調査月報』で、この中に一八五二年にロシア人学者のイヴァン・イリイチ・ザハーロフが著した『支那人口の歴史的考察』(布村一夫訳)が抜粋掲載されている。それは、前漢から清にいたる中国歴代王朝における人口の変遷を調査したものであるが、それによると旧王朝が滅びて新王朝が成立する時には、人口が激減していることが一目瞭然である(次ページのグラフ参照)。

なぜ、こうした調査が可能だったかといえば、中国では歴代の新王朝が成立すると、まず税の取り立てのために、必ず戸数調査が行なわれた。同時に、前王朝が残した記録保管庫は破壊せず、真っ先に取り押さえることを常とした。そしてこれらは必ず正史として記録に残した。したがって人口の変遷については、かなり信頼性のある資料が残されたわけである。

中国歴代の人口の変遷

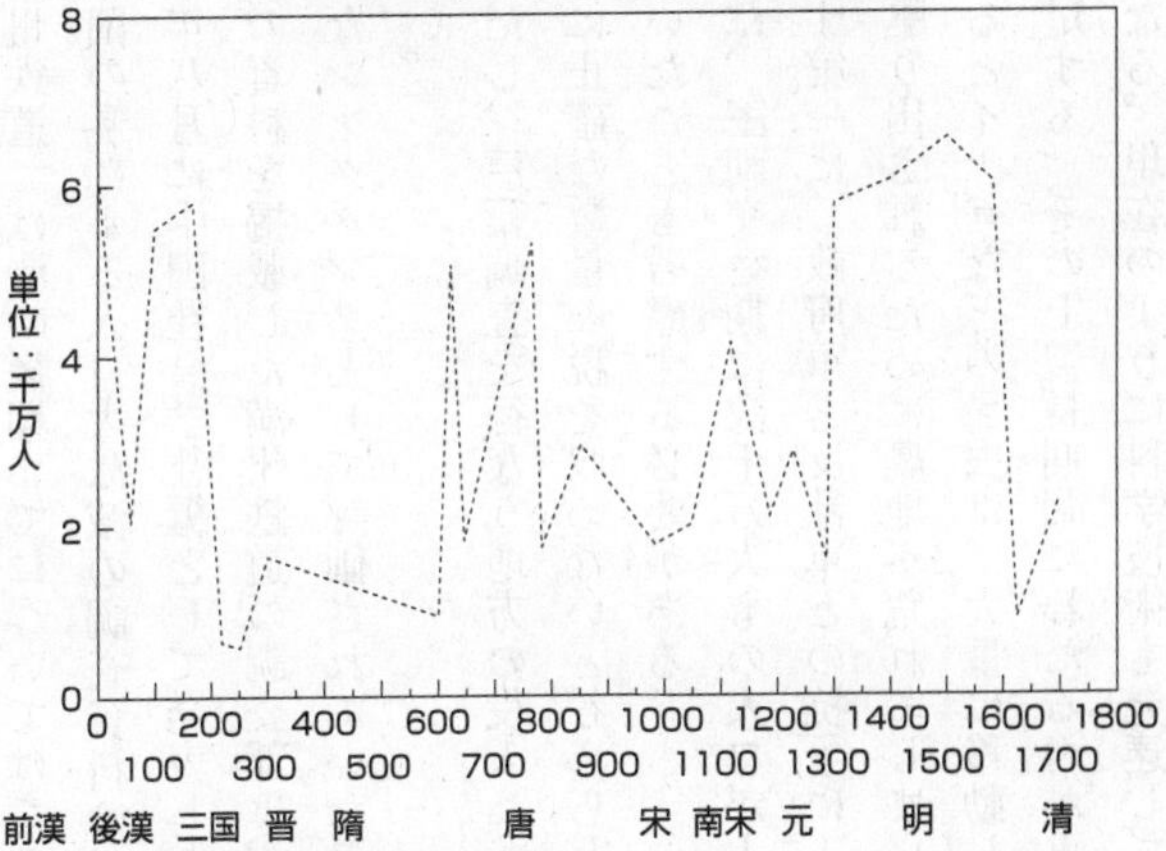

「太平天国の乱」による人口激減

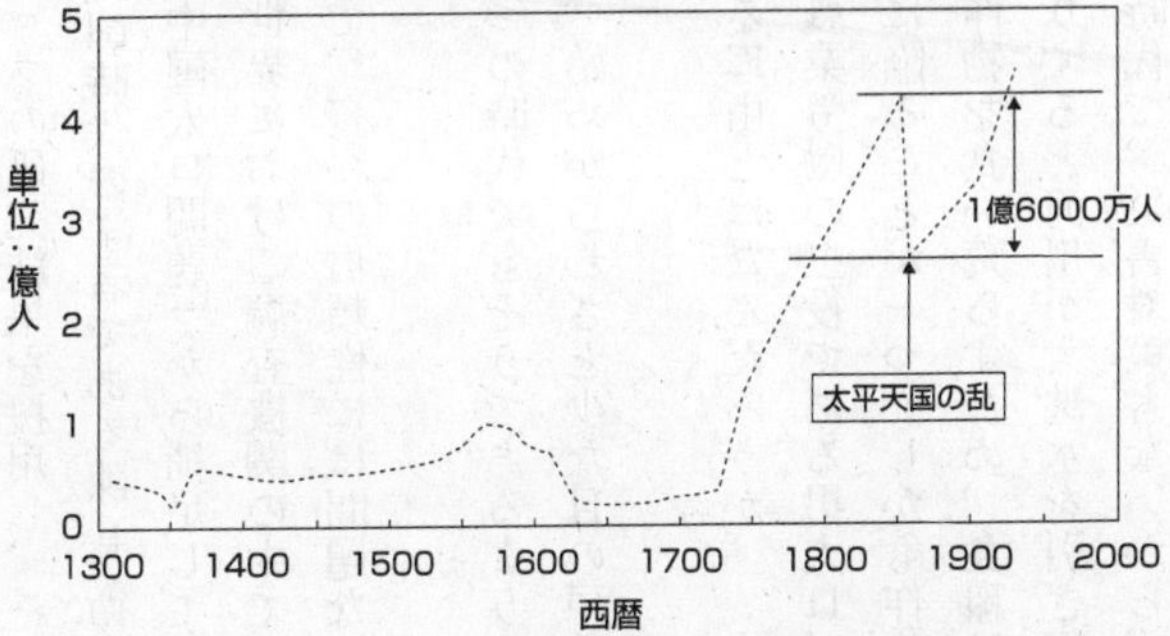

資料：「支那人口の歴史的考察」
イヴァン・イリイチ・ザハーロフ、1852年
布村一夫訳、満州鉄道調査部出版

満州鉄道では清の後期までについてはこのザハーロフの研究結果を援用し、その後、太《たい》平天国《へいてんごく》の乱による人口大激減の調査資料は、中華民国時代の学者である陳長衛《ちんちようえい》氏が一九三二年八月に中国社会学社編として発表した論文「中国人口問題」から補足している。

その資料を掲載した満州鉄道の調査部は、当時の世界における調査機関の中でも極めて優秀なシンクタンクとして評価されていたほどなので、資料の信頼性には問題ないといってよい。

ただし、戸籍調査を行なう地方の役人たちは、いつの時代でもそうであるように、中央政府に正確な数量の税を収めないと咎《とが》められたため、始めからわざと少な目の戸数を記録していたことも考慮する必要がある。

では、王朝交替期に数千万人もの人口が大激減する理由とはなんだろうか。

まず第一に、政府軍と反乱軍との抗争によって、農業労働の主役である男人口が兵隊として駆り出されるために農地が荒れてしまい大飢饉に陥ることが一つ。しかも作物が乏しくなるとイナゴなどの昆虫は、大量に移動しながら作物を食い荒らすため、食糧はますます不足する。その上、長期間にわたる雨が重なったりすると河川が大洪水を引き起こすことになる。現在のように科学技術も発達していない時代で、災害対策もないから、数十万

中国の人口変遷

[王 朝 名]	[西　　暦]	(中 国 暦)	[推定人口数]
前漢	2年	元始　2年	59,594,978人
後漢	57年	中元　2年	21,000,000人
	156年	永寿　3年	50,066,856人
三国	242年	正治　3年	7,630,000人
晋	289年	太康　元年	16,000,000人
隋	580年		9,000,000人
	606年	大業　2年	46,019,056人
唐	626年	武徳　9年	16,520,000人
	755年	天宝　14年	52,919,309人
宋	976年	興国　元年	18,000,000人
	1021年	天禧　5年	19,930,000人
	1101年	大観　4年	46,734,784人
宋(南)	1160年	紹興　30年	19,230,000人
元	1264年	至元　元年	13,020,000人
	1290年	至元　27年	58,830,000人
明	1381年	洪武　14年	59,870,000人
	1504年	弘治　17年	60,105,853人
清	1644年	順治　元年	10,630,000人
	1720年	康熙　59年	25,029,949人
	1851年	咸豊　元年	432,160,000人
(太平天国の乱)	1861年	咸豊　11年	266,880,000人
	1910年	宣統　2年	342,000,000人
中華民国	1929年	民国　18年	450,000,000人

出典はp.59参照

から数百万の人口が、飢餓や洪水で死亡するということは、けっして珍しいことではない。

第二の理由は、戦乱によって命を落とす者の数が数十万から数百万の規模となることである。それには「大義思想《たいぎしそう》」という儒教とも絡む独特の考え方が大いに関係している。大義思想とは、いったん臣下として君主に仕えた者は、君臣の大義の前に自己を省みてはならず、私を無にして君臣の名分を正さなければならない、という思想である。

つまり、君主に殉じることを美学とするものであるから、王朝の交代期には宮廷に仕える官僚や一般役人、さらには軍隊の兵士にいたるまで、新王朝に最後まで抵抗を続けた。また新王朝にしても大義思想があるため、反抗しなくともそれらの人間は徹底的に殺戮してしまった。

しかも中国の城は、日本の城と異なって都市をすべて包み込む城郭都市であるから、侵攻軍が街全体を包囲し、蟻《あり》一匹逃げられないようにした上で城郭内に突入すれば、旧王朝軍に協力したという理由で、一般市民も殺戮の対象にされてしまう場合がほとんどだった。中国の場合には二十世紀初頭まで、この陰惨な歴史が繰り返された。

一方、ローマ時代から二十世紀まで、城郭都市の下で王朝の興亡があったヨーロッパ諸国では、王朝交替があっても同一民族同士では、決して中国のような大量殺戮は起こらなかったことを想起すべきである。ヨーロッパ史における虐殺は、民族が異なる場合と、宗教・イデオロギーの違いによる場合である。

大義思想は儒教の『春秋』に由来し、宋時代の朱熹《しゅき》によって「大義名分論」として完成したものであるが、日本でも江戸時代の武家政治に取り入れられたことはよく知られているとおりである。ともあれ、中国史における大義思想は、二〇〇〇年以上にわたって自民族の大量殺戮に利用されてきたと言えよう。

今でも人骨が出てくる古戦場跡のすさまじさ

さらに中国では、しばしば両軍合わせて一〇〇万人、多い時には二〇〇万人を超える規模の大会戦が行なわれるので、勝者といえども数十万人が死亡し、敗軍ともなると四〇～五〇万人の兵士が殺害されるなどということもしばしば起こっている。

秦を滅ぼした項羽《こうう》や後漢を滅ぼした曹操《そうそう》、あるいは大軍を動かした歴代王朝の将軍たちは、戦いに勝って多数の敵を捕虜とした場合でも、釈放すれば危険と判断したり、数万以上の捕虜に与える食糧がないときには、処刑よりも手のかからない「生き埋め」を実行した。

とくに紀元前五世紀から前三世紀にかけての戦国時代は、文字通り戦国の世の中だっただけに、多くの殺戮が史実として『史記』に残されている。戦国時代の末期、秦《しん》軍と趙《ちょう》軍とが大会戦をした「長平《ちょうへい》の戦い」では、秦軍が大勝を博し趙軍は四〇万人が降伏したが、秦はそのことごとくを生き埋めにしてしまった。現在でも、現地では村のいたるところから人骨が出てきて、子どもたちがそれで遊んでいるという光景が見られる。また、後に秦を破った項羽《こうう》もまた、降伏した秦軍二〇万人を生き埋めにしている。

このようなおぞましい殺戮は、日本の歴史では見ることができないもので、民族的体質・思想的土壌の違いとはいえ、なかなか日本人には理解するのがむずかしい。

その民族的体質とは、中国人が本来は乾燥した土壌で暮らす遊牧民の資質を色濃く持った肉食民族であることに由来するものである。肉食民族というのは常に動物を食糧として考えているために、落とし穴で捕獲したり、弓矢で射殺したりして、その皮や肉をナイフで切り分け、煮たり焼いたり、あるいは干し肉や塩漬け肉として食用に供したり、管理上、去勢術を施したりすることに慣れきっている。

それゆえ人間同士の争いにおいても、牛馬に対するのと同様の殺戮をする。つまり殺戮感覚が麻痺《まひ》しているのである。そうであればこそ、同じく肉食民族の神であるキリスト（前六〜後三〇年）は人間に罪の懺悔《ざんげ》を求めたり愛を説いたし、孔子（前五五二〜前四四九年）は忠孝・礼節を説いて人間社会の倫理や秩序を回復しようとしたのである。遊牧民的体質を持った人々が一神教信仰に入信しやすいのは、世界史を見れば一目瞭然である。

ちなみに宗教が解禁された中国やロシアでは、キリスト教信者が急速に拡大している し、現在韓国では、人口の五割がキリスト教徒である。日本では明治以来、キリスト教信者は人口の一％前後を推移してまったく伸びていないのと比べると、その違いが理解できるであろう。

哲学者の和辻哲郎《わつじてつろう》は、その有名な著書『風土』の中で、中国人の体質について、次のような趣旨のことを述べている。

「中国人はモンスーン的性格と砂漠的性格の結合した民族である。すなわちモンスーン的体質である忍従性の奥に、戦闘的なるものを潜めている。砂漠の生活においては実際的な事物に関しての観察・判断が鋭く、また利害打算的であり、意志も強固で野獣的な残酷さをもって突進する。こういう中からユダヤ教、キリスト教、イスラム教が誕生した。

これに対してモンスーン型の代表はインド人で、受容的・忍従的体質である。因《ちな》みに日本人は、台風的性格で忍従の結果、最後は突発的台風となるが、一定期間を過ぎると、桜の花が散る如くきれいさっぱり諦《あきら》める剣禅一如の精神である」と。

中国に前王朝の遺品が何も残っていない理由

ところで中国では、前王朝を倒した新王朝の皇帝は、前王朝に所属する人間を徹底的に殺戮するに止まらず、建物や備品、美術品そして墳墓にいたるまで、前王朝の影響や保護を受けたものすべてを破壊の対象とした。なぜなら前王朝の人や物を完全否定することによって、新王朝と旧王朝との違いを人民に示すことこそが、支配上の必須条件と考えていたからである。

寺院や歴史的建造物も破壊され、万里の長城をはじめ石の建造物がかろうじて破壊を免《まぬが》れたくらいである。また普通は、どこの国でも昔から民族に伝わる各種の民謡というものがあるが、四〇〇〇年の歴史を誇る中国人の九割を占める漢民族には、田植え歌の「秧《ヤン》歌《コ》」しか残っていない。この秧歌は九〇〇〇年前の宋時代から盛んになる農民による田植え歌である。

日本であれば一三〇〇年前に始まる雅楽だけでなく、田植え歌、大漁節、馬子歌、木遣歌など、それぞれの職場や祝いの場で庶民が歌い上げてきた民謡が各地に残っているのと比べると、大違いである。

その原因もやはり、たとえ優秀な楽器奏者や歌い手であっても、王朝が滅びる際には殺されてしまうか、野に逃げ隠れるかして、二度と人前でその能力を発揮することがなかったからである。中国から日本に伝わった雅楽は、故・司馬遼太郎《しばりようたろう》氏によれば、「唐」の時代に宮廷で奏された西北ウイグル（回鶻）族の音楽で、中国古来のものではないと言う。

その点、日本の場合は王朝（政権）交替があっても、新政権創設者は前政権所属の人々を新規に召し抱えるし、前政権の遺産を破壊するなどの行為はほとんど行なっていない。

たとえば明治維新になって、京都から天皇が国家元首として担《かつ》ぎ出されたが、旧幕府の徳川宗家《そうけ》を継いだ十六代・家達《いえさと》は、処刑されるどころか新政府に取り立てられ、静岡藩知事、公爵、貴族院議員から議長を務め、一九一四年に山本権兵衛《やまもとごんべえ》内閣辞職の際には、大正天皇から内閣を組閣するよう内命があったが固辞しているほどである。

文化的建造物を見ても、奈良、京都は言うに及ばず、各地に奈良・平安時代からの神社仏閣が数多く残っている。また幕末期、薩長を主体とする官軍は江戸を焼き討ちにする意気込みで関東に乗り込んではきたが、江戸八百八町は破壊されなかった上、徳川家康を祭った日光の東照宮も破壊されなかった。これらを見ても、中国の王朝交代とは雲泥の差があることがわかる。

さらに加えると、日本における死刑執行数も、他国と比較するときわめて少ない。平安時代四〇〇年間のうち、後半の二〇〇年間では一人も死刑を執行されていないし、「斬り捨て御免」といわれ、武士の横暴がまかりとおっていたかのようにいわれる江戸時代でも、後期の二〇〇年間で、武士による町人の無礼打ちはわずか三人しか記録されていない。

これらの歴史が語るのは、たとえ王朝交代があっても、日本人は基本的に殺戮とか破壊という行為からは程遠い民族であるということで、前王朝や前政権の完全否定は行なわなかったところに、わが国の誇るべき特徴があったといえるのである。したがって、中国のように人口が激減するということは歴史上一度もなく、コメの生産高に合わせて人口も着実に増加し、江戸時代三〇〇〇万人の人口は明治初期まで不動であった。

「春秋・戦国」時代への突入

さて、このへんで、いよいよ中国の歴史に戻ることにしよう。まず「殷」のあとを受けた「周」は、八〇〇年以上にわたって続くが、紀元前七七〇年、西方の異民族・犬戎《けんじゆう》の圧迫を受け、都をそれまでの鎬京《こうけい》から洛邑《らくゆう》に移した。ここからを「東周」といい、その中でも紀元前四〇三年までを春秋時代、それ以後を戦国時代と呼ぶことは、前に述べたとおりである。

この時代になると周王朝の権威は名ばかりで、事実上、諸侯入り乱れての大乱世であった。孔子をはじめとするいわゆる諸子百家と呼ばれる人々が、さまざまな戦争術、処世術を唱えて、諸侯に取り立てられようと盛んに売込み合戦を展開したのは、春秋時代の後半のことである。

さて、その「東周」の都・洛邑（現在の洛陽付近）は、いわば中国文化の発祥の地であり、産物も豊富な河南省・黄河流域の地域である。

当然ながら高度の中国文化が流布しており、別名「中原《ちゆうげん》」とも言われる地で、「周」時代には数多くの諸侯が中原の周囲に国を築いた。当時、中央にひしめいていた強国は「周」の他に、「鄭《てい》」、「宋《そう》」、「衛《えい》」、「魯《ろ》」、「曹《そう》」、「陳《ちん》」、「蔡《さい》」などであった。

中央にひしめく国家の場合は、「遠交近攻政策」によって周囲と戦争を繰り返したが、お互いに国家財政は疲弊し、大国になりきれなかった。

これに対し、中原から外れた地域では土地がふんだんに余っており、しかも人口も稀薄なので辺境地域へ行けば行くほど開拓は容易であったから、辺境地に領土を保有した国は、いくらでも領土を拡大することが可能であった。辺境地開拓の際の問題は、その地で従前から遊牧や漁労、あるいは狩猟を生業《なりわい》としてきた異民族の処遇についてであったが、当初は服従を条件に生存を認めていたものが、国力が充実するに伴って、夷狄を滅ぼす方向に、その政策を転換させていく場合が多かった。

「尊王攘夷《そんのうじょうい》」思想は、どこから生まれたか

こうした漢民族諸侯の侵略と、激しい抗争を見て、周辺異民族も中国への侵攻気配を示しはじめた。事態を憂慮した有力諸侯は、衰えたりとはいえ精神的支柱ともいうべき「周」王室を立て、夷狄を打ち払うことで一致した。すなわち、「尊王攘夷《そんのうじょうい》」をスローガンとして諸侯同盟を発足させたのである。そしてこの同盟の盟主を「覇者《はしゃ》」と呼ぶようになった。

ちなみに、日本で幕末の頃、西国諸藩を中心とする下級武士の間に熱病のように流行した尊王攘夷思想は、直接は、中国の「宋」(九六〇～一二七九年)時代に生まれた朱子の思

「春秋《しゅんじゅう》」時代（B.C.770年〜B.C.403年）

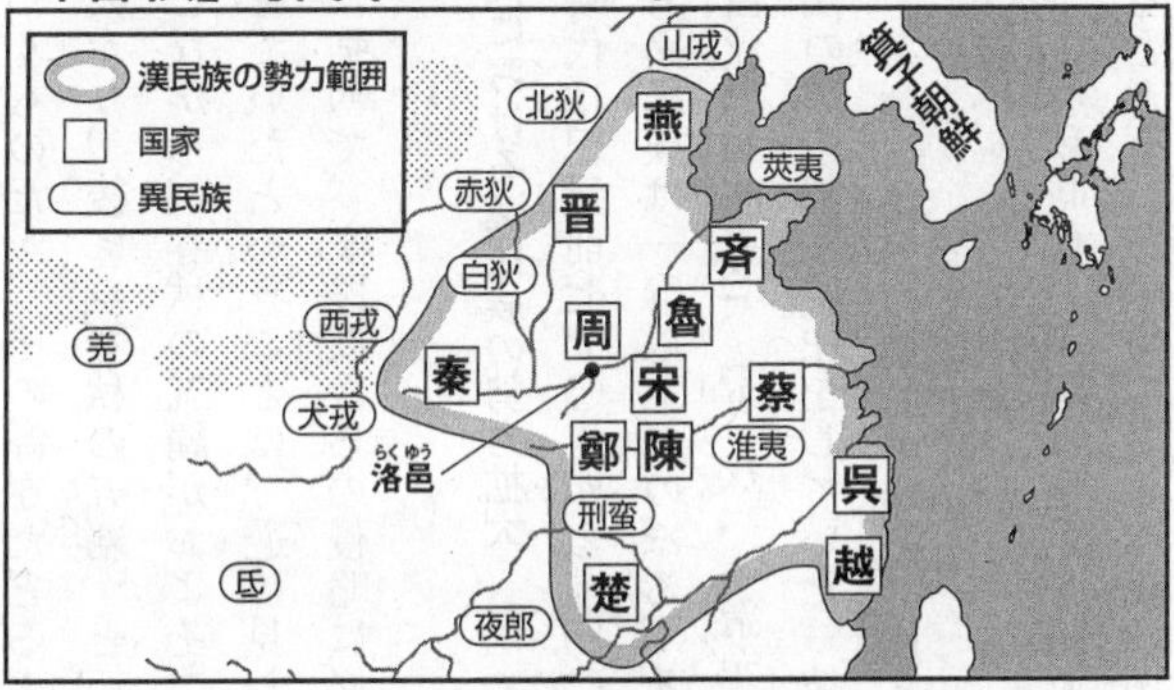

「戦国《せんごく》」時代（B.C.403年〜B.C.221年）

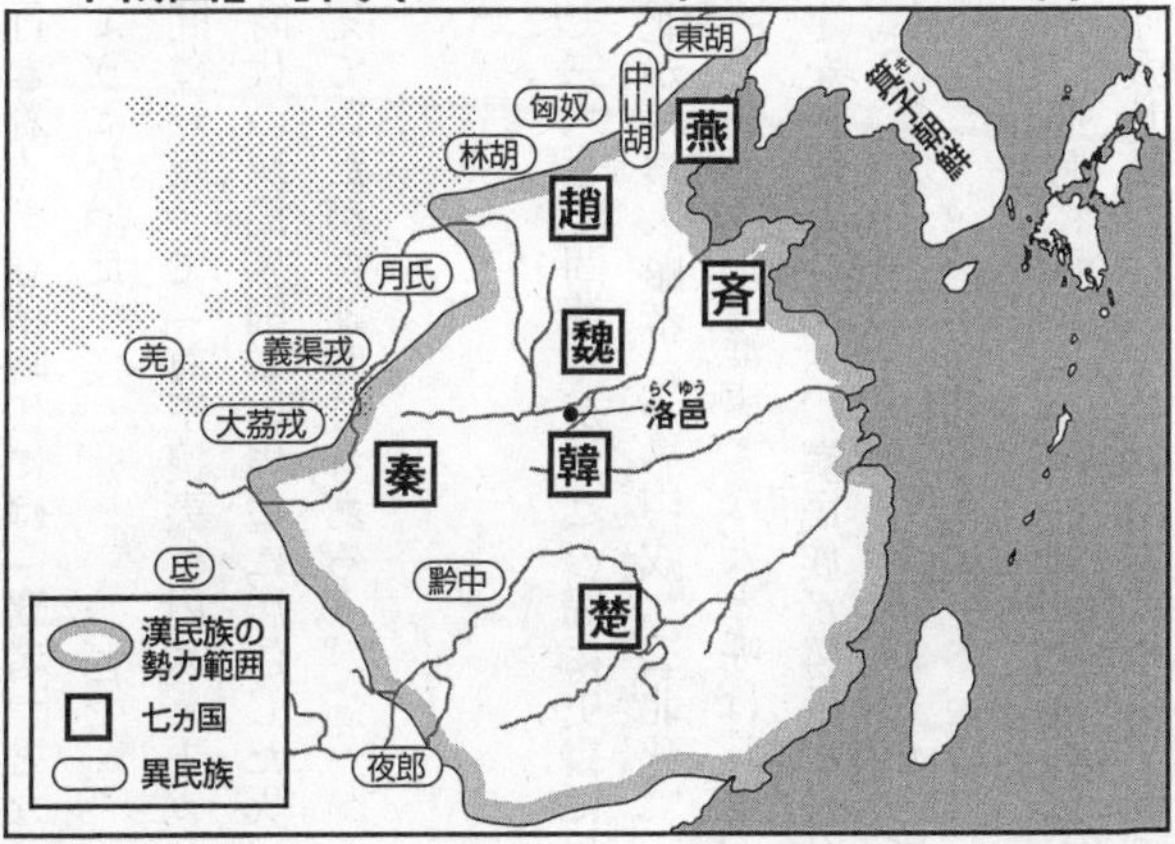

想に基づくものだが、その源をたどるとここに行き着く。春秋時代には「覇者」となった王が五人おり、後に「春秋の五覇《ごは》」といわれるようになった。

しかしながら、春秋の五覇がおよそ二〇〇年間にわたって「尊王攘夷」のスローガンを掲げ続けていたということは、逆に見れば春秋時代の漢民族国家の周辺に居住した異民族がいかに強靱で、漢民族からの侵略に必死に耐えていたかの証明でもあろう。

春秋時代における漢民族の勢力拡大

春秋時代は紀元前七七〇年から前四〇三年まで三六七年間続くが、この間に史書に現われた有力異民族は一〇以上にのぼる。それらは北から南へ順番に、『山戎《さんじゅう》』、『北狄《ほくてき》』、『赤狄《せきてき》』、『白狄《はくてき》』、『西戎《せいじゅう》』、『犬戎《けんじゅう》』、『猏允《けんいん》』、『荊蛮《けいばん》』、『萊夷《らいい》』、『淮夷《わいい》』などと呼ばれて、漢民族諸侯の周辺部に居住をしていた。彼らは文字を持たないから、漢民族が勝手に自分たちのことを鳥獣昆虫の名前で呼んでいるなどとは夢にも思わず、平和な生活を送っていた。

こうして春秋時代の諸国は抗争を繰り返したが、同時に漢民族の居住地は一層の広がりを見せるとともに、中央の文化は東西南北へと伸張していった。特に南方では揚子江の下流域にまで漢民族支配地が拡大し、この方面にいた『苗《びょう》』族や『謡《よう》』族のような未開民族たちとも接触が始まった。そして中国では春秋時代から鉄器の使用が始まっていた。

一方、朝鮮半島に目を転ずると、漢書によれば、「周」の武王《ぶおう》が「殷」の紂王《ちゅうおう》を滅ぼしたとき、紂王の叔父である箕子《きし》を朝鮮に封じ、朝鮮王としたという。これが「箕子朝鮮」で、時は紀元前一〇二七年頃とされるが、これは伝説上の国家であろう。ともあれ漢書によると、箕子と彼が引き連れた一族郎党は漢民族であり、その支配を受けたのは朝鮮民族であった。この王朝は紀元前一九〇年に衛満《えいまん》に滅ぼされるまで八〇〇年以上続くことになった。

戦国時代、列強の富国強兵策と周辺民族

つづく戦国時代は、紀元前四〇三年から前二二一年までの約二〇〇年間を指すが、中国国内は旧来の「秦《しん》」、「楚《そ》」、「燕《えん》」と新興の「田斉《でんせい》」、「韓《かん》」、「魏《ぎ》」、「趙《ちょう》」の七カ国が並び立ち、下剋上の時代に入るとともに、弱肉強食の風潮がますます強まったため、各諸侯は富国強兵政策に乗り出す必要に迫られた。

富国とは少しでも多くの農耕地を増やして穀物の生産額を上げることであり、強兵とは

人口の増大による兵力増加と優れた指揮官の獲得である。そのためには、どうしても自国領土の拡大が必要であり、夷狄を討って領土を確保するしか方法がなかった。

こうして、諸侯の抗争によって漢民族の地はさらに拡大し、東は遼東《りようとう》半島の付け根から、西は黄河の中流域全体を含む地域まで広がり、南は現在の湖南《こなん》省や江西《こうせい》省まで大きく膨《ふく》らんだ。したがって、黄河中流域から下流域を中心とした地方や、揚子江中流、下流域地方に居住していた中小異民族はすべて、漢民族に滅亡させられるか、あるいは最下層の民として中国社会に服属させられ、青壮年は軍役や築城、あるいは土木工事に使役させられるなどして、中国社会に同化させられていった。

人肉食の習慣は、どこから起こったか

ところで中国では、反乱や戦争が勃発すると、都市や農村の住民は一斉に城壁内に逃げ込み、一致協力して外敵に当たることは先に述べたが、外敵が城壁を蟻《あり》の這《は》い出る隙間もないほどに包囲して数ヵ月間に及ぶと、城内では当然食糧不足が生じる。このため中国では殷や周の時代から人肉食の習慣が始まっている。

料理方法は人肉を塩漬けにしたり干し肉にしたり、あるいはスープにしたり、肉饅頭に

して食べるなどの方法があった。たとえば『春秋左氏伝《しゅんじゅうさしでん》』によれば、紀元前五九四年、楚《そ》軍に囲まれた宋《そう》の都では、食糧が尽きたために、住民たちは子どもを他人の子どもと交換して食べ、骨を裂いて料理した、という記述がある。

人肉は、肉類の中では最も栄養に富んで美味しいとされたので、飢饉で食べる物がなくなれば隣人を襲って食べてしまうこともあった。

また『史記』によれば、「漢」の高祖《こうそ》となった劉邦《りゅうほう》（前二四七～前一九五年）が、ライバルの項羽《こうう》（前二三二～前二〇二年）に自分の父親を捕らえられ、もし降伏しなければ父親を大釜で煮て食べてしまうぞと脅されたとき、劉邦は、それなら自分にもその肉汁を分けてくれ、と言って項羽の脅しを撥《は》ね付けたとある。

こうした人肉を食べる行為は、当然のなりゆきとして、飢饉の際にも頻繁に行なわれた。なにしろ中国の正統な歴史書である『史記』に記述されているのであるから、間違いないのである。

余談ながら、中国で人肉食が大々的に行なわれたのは、史書によれば「前漢」から「後漢」期の混乱期、「後漢」から「三国時代」への移行期、「隋」から「唐」への移行期、女真族の『金』が「宋」を壊滅させ華北を大混乱に陥れたとき、「元」末期の混乱期、「明」

末期に起きた大飢饉のときなどである。

中国では古来、日本人が食さない動物、爬虫類、昆虫などを日常の献立に乗せる国であるが、インドからもたらされた仏教が流行した時代（六世紀から九世紀にかけて）だけは、人肉食習慣も比較的抑制されていたようである。ところが唐の末期に仏教が弾圧されて衰えると、再び道教や儒教が主流を占めるようになり、人肉食に対するタブーも解かれてしまったらしい。

なぜ、秦《しん》が八〇〇年ぶりに中国を統一できたのか

さて話を戻すと、このような諸侯乱立の戦国時代を制して中国を統一したのは、「秦《しん》」の政《せい》、つまり後の始皇帝《しこうてい》（前二五九～前二一〇年）であった。では、秦はなぜ他の六国よりも強かったのかと言えば、
㈠ 戦国七国の中では最も文化が進み優秀な人材が揃っていた「魏」が滅亡した際に、大量の人材が「秦」に移住をしてきたこと
㈡ 優秀な軍馬と、それを乗りこなす周辺の遊牧民族を、大量に抱えることができたこと

㈢　現在の四川《しせん》省地方である巴蜀《はしょく》の地を得たこと

などが挙げられる。

この巴蜀の地は、地図で見れば分かるように山に囲まれた盆地であるが、物産は豊かなため「中原」が戦乱や飢饉で住みにくくなると、人々は豊かな四川めざして移住をした。後の三国時代に「魏《ぎ》」や「呉《ご》」が平野部に拠《よ》ったのに対し、「蜀漢《しょっかん》」の軍師である諸葛孔明《しょかっこうめい》（一八一～二三四年）は、小さいながらも物産豊富な四川の地を選び、二〇年間にわたって国家を経営したことは有名である。四川の地は、チベットからのルートを通じて、インドとも交易を行なうことができたために、そうした交易上の富も多く集まった。

逆に戦国時代の七雄のうち、最も文化の進んでいた「魏」が最も早く衰えてしまった理由は、「魏」は「燕」を除く他の五強国と国境を接し、常に侵略を受けて疲弊したからである。本国の無為無策に失望した多くの魏人は、他の高度文明の国へ行くよりも隣国の「秦」に亡命した。当時、「秦」は文明が最も遅れた国家と言われており、亡命をする立場の人間にとっては、安心できたからである。一方、「秦」にとっては遅れた文化を取り戻し、有能な人材を抱えるチャンスとなった。

また「秦」は、北、西、南の三方面に異民族と境を接していたから、領土の拡張とともにに異民族兵士を養い、騎馬戦術の習得と軍馬の輸入増産に力を入れて、中原を狙うべく準備を行なっていた。そして同じように北方の遊牧民から騎馬戦術を学んだ軍事大国の「趙《ちょう》」とは、ライバル的な存在になったが、「秦」が「趙」を破ると、華北地方の軍事バランスが一挙に崩れ、「秦」はたちまち中国統一を達成してしまった。

秦の達成した統一地域は、現在の中国本土（正州）とほぼ一致している。ちなみに「中国正州」とは、ほぼ漢民族だけで占められている地域のことである。

二章　侵略の中華帝国、ここに始まる

〔秦《しん》・前漢《ぜんかん》　前二二一年〜後八年〕

——匈奴《きょうど》との対決、うちつづく西域への大遠征

(一) 「秦《しん》」帝国――中国史上最初の大侵略国家

始皇帝《しこうてい》陵建設のための人員は、いかにして調達されたか

「秦」王の政《せい》は紀元前二二一年に「斉《せい》」を滅ぼし、春秋以来の乱世を統一したが、統一を達成すると、これまでの王の称号を捨て「皇帝」と称した。帝とは古くは神を意味する言葉であり、政は自らを「始皇帝」とし、これまでの封建制を廃して、あらたに官僚制度を採用して郡県制をしき、中央から役人を任命し派遣した。

始皇帝の採った政策の中でも特筆すべきことは、これまで国ごとに異なっていた文字の字体、車輪の幅、度量衡《どりょうこう》、貨幣などの諸制度を統一したことである。さらに国ごとにあった城壁を破壊し、兵器を没収した上、全国の富豪たち一二万戸を秦の都に移し、壮麗な宮殿やその他の土木工事を起こさせた。

しかし、これらの中で最も困難を伴った事業は、文字の統一であった。すでに戦国時代から異なる書体が使用されていたために、各国の王は儒教の徒輩を雇って、外交文書などを作成させたり、使者として立てたりしていたが、始皇帝は、書体や読み方を統一すれば

よいと考えて、漢字の数を三三〇〇字に決めた。そのために、これまで勝手に作られた漢字を使用していた各種の書籍を一挙に破棄してしまった。これが世に言う「焚書《ふんしょ》」と言われるものである。

始皇帝は秦王として一三歳で即位すると、直ちに驪山《りざん》のふもとに自身のための地下宮殿のような陵墓の造営を始め、全国から毎年七〇万人の人足を徴用し、死ぬまで造営を続けさせた。墓の中にはおびただしい量の珍奇な財宝を満たした上、陵墓内部には盗掘防止のための仕掛けを作らせた。工事が終了すると、工匠たちは秘密保持のために、全員が陵墓内に閉じ込められ、殺されてしまった。

始皇帝陵は、底辺が長方形の角錐の形をしており、東西の底辺が二五〇メートル、南北のそれが三五五メートルある。また高さは現在四六メートルだが、記録ではもともとは一一五・五メートルもあったと言われている。

また、首都咸陽《かんよう》の宮殿も壮麗なものを建設したが、それでも手狭になったとして、治世の末期には渭水《いすい》をはさんだ咸陽の対岸に、新宮殿である阿房宮《あぼうきゅう》の建設を三五万人で行なわせた。

これらの土木工事に従事する人員調達は、始皇帝が敷いた強力な中央集権体制と官僚制、厳格な法治主義のたまものだった。つまり、始皇帝支配下の官僚は、たとえば皇帝から七〇万人徴発せよと命令が下れば、軽微の法律違反者七〇万人を引っ張ってくればよかった。罪人であるから賃金を払う必要はなく、病気や事故で死んでも何の補償もしなかったから、造営増築は思うままに進んだのである。

北へ南へ、異民族制圧のための大軍派遣

「秦」によって中国が統一されると、周辺異民族の動きも急に活発になってきた。とりわけ脅威となったのは「匈奴《きょうど》」であった。このため始皇帝は紀元前二一四年、部下の将軍・蒙恬《もうてん》に三〇万の軍勢を与え、匈奴征伐に向かわせた。オルドス地方（次ページ地図参照）に蟠踞《ばんきょ》していた匈奴は、総力を挙げて蒙恬を迎え撃ったが、圧倒的な数を誇る秦軍の前に敗退を余儀なくされ、本拠地を捨てて、黄河大屈曲部の西北の、陰山《いんざん》山脈へと移住していった。

始皇帝は、蒙恬がオルドスから匈奴を一掃すると、再び匈奴に奪回されないよう、オルドスを含む黄河の大屈曲部の外側に「万里の長城」を構築した。これは、それまでに「趙《ちょう》」と「燕《えん》」が造っていた長城をつなぎ合わせ、さらに延長させたもので、この工事に

「秦《しん》」時代(B.C.221年～B.C.206年)

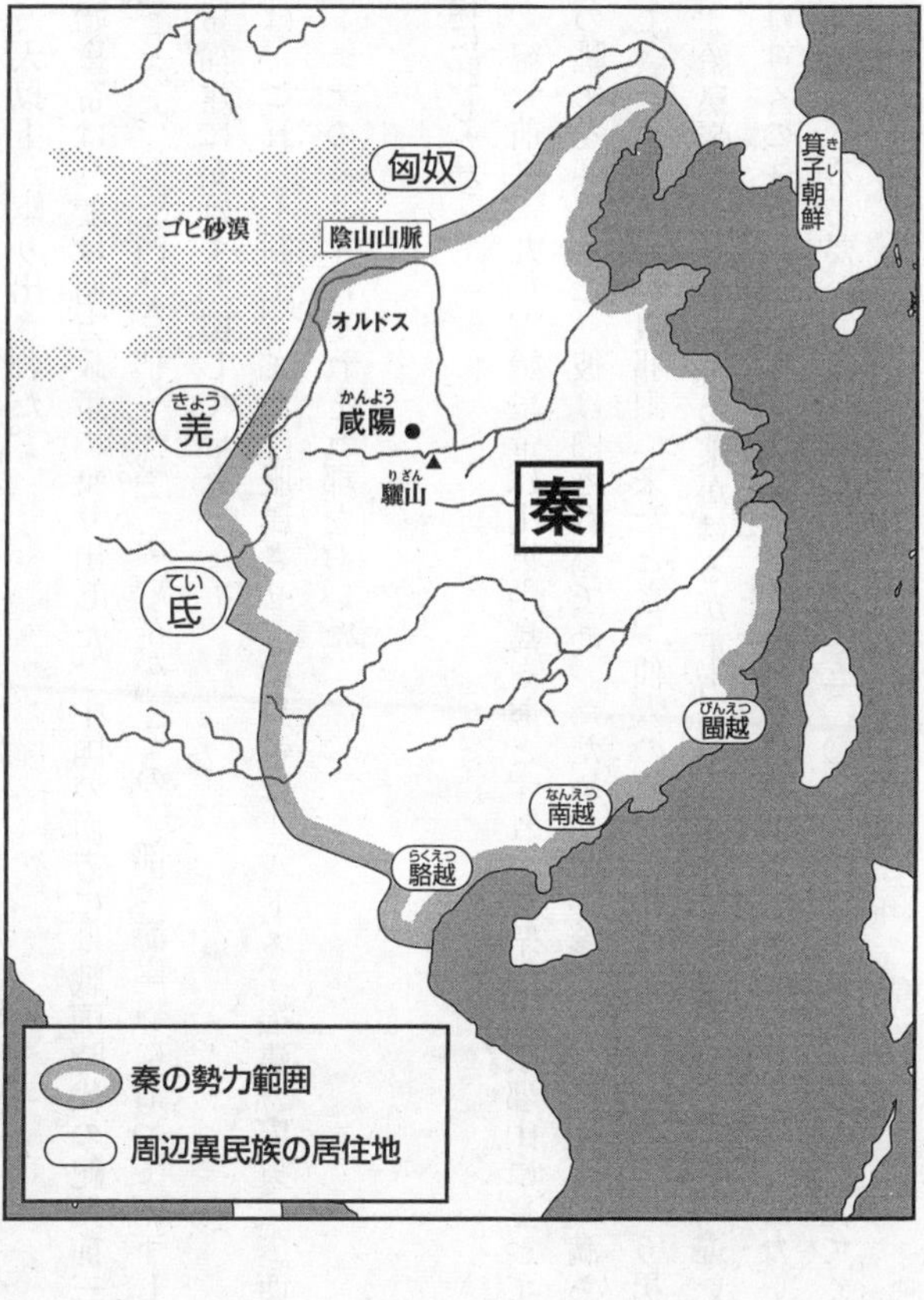

も毎年三〇万人以上が駆り出された。

同じ年、始皇帝は今度は南方政策に乗り出した。中国の南方には戦国時代の紀元前三三四年に、「楚《そ》」のために滅ぼされた『越《えつ》』がいたが、その一部は海岸線に沿って南下し、浙江《せっこう》南部から福建《ふっけん》にかけて割拠していた。

秦の軍勢は、これらを制圧、または服属させ、始皇帝はオルドス、福建、広東、広西、そしてインドシナのハノイにそれぞれ郡をおいた。

始皇帝が徐福《じょふく》に託した夢

ところで、紀元前二一九年、始皇帝は山東半島をおとずれ、芝罘山《しふさん》と琅邪山《ろうやさん》に登って、黄海《こうかい》と渤海《ぼっかい》の眺めを楽しんだ。彼は内陸育ちであったため、海が珍しく、神秘性に満ちたものと考えていた。始皇帝が琅邪山に来たとき、仙人の術を心得るという徐福《じょふく》という男がやってきて、始皇帝に「不老長寿の薬がはるか東方海上の蓬萊国《ほうらいこく》にあることは間違いない。蓬萊国は神々の住む国であるから、そこを訪れるには世俗のケガレのついていない童男、童女を神に捧げる必要がある。もし、自分に五〇〇〇人の童男童女と船を与えてくれるならば、必ずその薬草を持ち帰るでしょう」と持ちかけた。

『史記』には、出帆した徐福がその後どうなったかは記述していないし、もちろん不老不死の薬草を持参したとも書いていない。ただ、徐福が目指した蓬萊国とは現在の日本であったらしく、童男童女を乗せた徐福の大船隊が、九州、四国の各地に到着したという伝説がいまでも各地に残っている。なかには和歌山県の新宮《しんぐう》市や、三重県の熊野《くまの》市のように「徐福の墓」まであって、土地の人々が毎年祭祀を行なっている所もある。

中華文明の最高権力者である始皇帝が、不老長寿の薬草を求めるにあたって、自領内の漢中や中原《ちゅうげん》ではなく、東方の蓬萊国（日本）にあると信じた点は興味深い。始皇帝には、蓬萊国だけは神々の住む神々《こうごう》しい国と映ったのであろう。なぜなら未知の国に童児数千人を送り出すにあたって、護衛のための軍隊を一切付与していないからである。

始皇帝時代の日本が、すでに徐福が神の住む国と指摘するほど文明が高く、極楽世界の噂が海外にまで広まっていたのかもしれない。

項羽《こうう》と劉邦《りゅうほう》の登場と、「秦」の滅亡

ところで始皇帝の創始した皇帝政治は、滅ぼされた他国の遺民の恨みや反感を買うことが多かった。その上、外征を何度も行なったために、人民は遠隔地から軍務に服さねばならず、往復する財政的負担だけでも甚大であった。それゆえ前二一〇年〝始皇帝没する〟の報が伝わるや、各地に反秦の狼煙《のろし》があがり、項羽《こうう》や劉邦《りゅうほう》によって、前二〇六年、「秦」は滅ぼされてしまった。

彼らの中では、初め項羽が主導権を握り、秦の旧領を、戦国時代の旧六カ国の後裔と討秦の功労者に分配するなど、武将たちの機嫌を取る政策を行なった。

しかし項羽の失敗は領地の分配方法にあった。討秦に最も功績のあった劉邦《りゅうほう》に対して、彼が平民の出身であることを理由に漢中の奥地に追いやり、同じく不平を抱く人々を劉邦のもとに結束させてしまったことである。

しかも、項羽は大殺戮を行なったり始皇帝陵墓の財宝を簒奪《さんだつ》するなどして、人望を落としてもいた。後魏《こうぎ》時代の書によれば、「項羽は三〇万人を動員して陵墓内部に副葬された財宝を盗掘させたが、三〇日かかっても運び出しきれなかった」という。

さらに始皇帝の建てた宮殿の数々を焼き払い、皇族を殺戮するなど残虐を極めた。始皇帝が建てた渭水《いすい》南西の阿房《あぼう》宮殿は、一万人が座ることができたというほど巨大なものであり、その他にも三〇〇もの宮殿があったが、項羽はそのすべてを焼き尽くし、そのために火煙は三カ月もの間消えなかったという。

このため数ヵ月も経たない間に反乱が続発し、ついに垓下《がいか》の戦いで劉邦に敗れ去ったが、それは秦の始皇帝がなくなってから八年後のことだった。

そしてこの八年の間に、再び異民族も活動を開始したのである。まず秦の統一が崩壊するや否や、南方では広東にいた『南越《なんえつ》』王と、福建にいた『閩越《びんえつ》』王が独立をし、また北方では『匈奴』の冒頓《ぼくとつ》と呼ばれる英雄が、前二〇九年に単于《ぜんう》（首長の意味）となって再び強大となりつつあった。

匈奴、北辺に大遊牧民国家を建設

秦代に故郷のオルドスを追われて陰山山脈の麓に閉塞していた匈奴は、その後、根拠地をオルコン河畔に移し、単于に頭曼《とうまん》（?～前二〇九年）を戴《いただ》いていた。その息子が冒頓（?～前一七四年）であったが、頭曼は愛妾の子を愛し、これを後継者にしようと決めたので、冒頓をバダイジャラン砂漠地方にいた『月氏《げっし》』に人質として送り込み、その直後に月氏を攻めた。当然、人質であった冒頓は殺される運命にあったが、冒頓は虎口を脱し、月氏の馬を盗んで逃げ帰った。冒頓殺害の機を逸した頭曼は表面はこれを褒めて、冒頓に一万騎を与え司令官に任命した。

しかし冒頓は父親への恨みを晴らすべく、部下たちに、自分が矢で射るものは何でも射るようにと訓示し、最後には頭曼に向かって矢を射た。これにならって部下たちも一斉に頭曼に向かって矢を射たので、頭曼は針ネズミとなって死んでしまった。こうして冒頓は匈奴の単于に就任したのである。

冒頓単于は、匈奴をまとめると四〇万騎と言われる大騎馬軍団を率いて、旧領のオルドス地方を奪回し、次に軍団を東方に転じて、かつて何度も敗戦の憂き目に遭ってきた『東《とう》胡《こ》』を討伐して、これを臣属させた。冒頓は、馬を徹底的に活用し、一〇〇〇キロかなたの遠隔地へも、大軍団を引きつれて一週間で到達するという機動力を見せつけた。続いて紀元前二〇六年には、冒頓単于はかつて自分が人質に送られた『月氏』に攻撃をかけて、これを撃破した。

さらに冒頓は、北方、イェニセイ川上流に勢力を誇っていた『堅昆《けんこん》』をも撃破して、ユーラシア大陸に跨《また》がる大遊牧民国家を樹立した。冒頓は、騎馬軍団を率いて、しばしば万里の長城を越えて中国内部に侵入を繰り返したが、このことがやがて「漢」との大衝突に発展する。

(二)「前漢《ぜんかん》」帝国──「匈奴《きようど》」との宿命の対決

劉邦の妻・呂后《りよこう》による身の毛もよだつ残虐行為

中国史に限らないが、遊牧民的体質を持った民族や国家が抗争を行なうとき、異民族に対する処置が凄惨を極める場合が多い。数例を挙げるならば、モンゴル帝国ジンギス汗によるる中央アジア諸民族の大殺戮、ロシア帝国による異民族虐殺、ハプスブルク帝国によるマジャール人やスラブ民族に対する残虐行為、フランス王妃カトリーヌによるサン＝バルテルミーの大虐殺、英国人・クロムウェルによるアイルランド人大殺戮、スペイン帝国によるインカ帝国の抹殺、アメリカ人による北米インディアン大殺戮など、枚挙にいとまがない。

近年でも、スターリンの大粛清による七〇〇万とも二〇〇〇万とも言われる大虐殺や、カティンの森事件でソ連がポーランド将兵を数万人虐殺したり、ヒトラーによる六〇〇万ユダヤ人の虐殺等々、イデオロギーとは関係なく殺戮が行なわれてきている。

さらに近いところでは、自民族に対しても大殺戮が行なわれ、中国の文革で数千万、天安門事件でも、一説では数百万の人々が虐殺されている。ポル・ポトは二〇〇万人を殺害し、アフリカでもフツ族とツチ族の対立によって一〇〇万を超える虐殺が進行している。さらに欧州でも、バルカン半島の旧ユーゴ諸国で虐殺事件が絶えず発生している。ただし日本人の「南京虐殺」事件というのは、中国政府による完全な捏造事件である。

なぜ、虐殺行為が乾燥した土壌に住む狩猟・遊牧民的体質の民族に多いのか、学問的解明は進んではいないが、狩猟・遊牧民族は、動物を飼育する際に人間の意志を動物に強制し、人間の思うように育てる。従わなければ殺すし、従順になれば奴隷として扱う、といった体質があるからと考えられる。

また遊牧民的風土では、女性による残忍な仕打ちの歴史も沢山ある。中国の歴史においても「前漢」の呂后《りょこう》、「唐」の則天武后《そくてんぶこう》、「清」の西太后《せいたいこう》などの名をすぐに挙げることができる。

たとえば「前漢」の高祖・劉邦の妻であった呂后《りょこう》は、劉邦を補佐して功臣中の功臣と言われた猛将・韓信《かんしん》を、奸計《かんけい》を用いて有無を言わさず惨殺し、同じく功臣の彭越《ほうえつ》にも反逆の疑いをかけて処刑してしまった。

しかし、呂后の名を歴史にとどろかしめたのは、夫・高祖の死後、彼の寵愛を受けていた戚《せき》夫人に対する残虐な仕打ちである。高祖の葬儀が終わると呂后は、戚夫人を捕らえて後宮の牢獄に監禁した上で、手と足を切断し、目をえぐり耳を焼き切り、毒薬をもってノドを潰してしまった。それでもしばらくは生きていたので、便所に落として人間の便を食べるブタとともに死ぬまで生き長らえさせ、「人ブタ」と呼ばしめた。

なぜ朝鮮は、一三〇〇年も支配を受け続けたのか

さて宿敵・項羽を「垓下《がいか》の戦い」で破った劉邦によって「前漢」帝国が成立した紀元前二〇二年の時点で、周辺地域を概観してみよう。

まず朝鮮半島には、「周」の時代からすでに箕子《きし》が朝鮮王として半島を支配していたことは前述したが、「前漢」時代が始まったとき、旧「燕」の人、衛満《えいまん》が朝鮮に亡命した。朝鮮王の箕準《きじゅん》は彼を厚遇したが、衛満は紀元前一九〇年ごろ、箕準を謀略によって殺害して国を簒奪し、国王となった。これを『衛《えい》氏朝鮮』と言う。前漢は彼を遼東太守《りょうとうたいしゅ》の外臣として遇し、夷狄《いてき》を治めさせた。衛満は前漢の威光を借りて周辺の異民族を次々と服属させていき、孫の右渠《うきょ》のときには、すでに朝鮮半島で衛氏朝鮮に反抗する部族はいなくなった。

ところが、右渠は前漢に対しても不遜な態度を示すようになったので、武帝は紀元前一一〇年、海と陸の両方向から征討の軍勢を催し、『衛氏朝鮮』を滅ぼしてしまった。

結局、朝鮮は紀元前一〇二七年に箕子《きし》によって支配されて以来、後漢の支配が終わる紀元後三一三年まで、約一三〇〇年間にわたって、漢民族の支配を受け続けた。さらに統一新羅《しらぎ》から李氏朝鮮までの一二〇〇年間は、中国の冊封《さくほう》体制の中に入って、ゆるい支配を受け続けてきたと言ってよい。

すなわち、歴代の国王は中国の皇帝によって朝鮮国王としての認定を受け、中国に対して朝貢を行ない、皇帝に対して三跪九叩頭《さんききゅうこうとう》の礼をせねばならなかった。その代わり、一朝事《こと》ある場合は中国からの軍事援助が受けられた。

だが、朝鮮王朝自身は武器や強力な軍隊を保持することが禁じられ、外国からの侵攻には極めて弱い体質となっていた。朝鮮の人々としては、文明の師匠である中国に対して、侵略支配されているという現実を認めたくない気持ちが強く、中国に対しては一度も中国領土を侵す軍事的挑戦を試みなかった。

余談ながら、儒教を国教とし儒教体制を築いた歴代中華帝国には、「士農工商」という身分を分ける言葉があった。儒教体制の中で最も上位を占めたのは知識階級にして、巧み

「前漢《ぜんかん》」時代（B.C.202年〜A.D.8年）

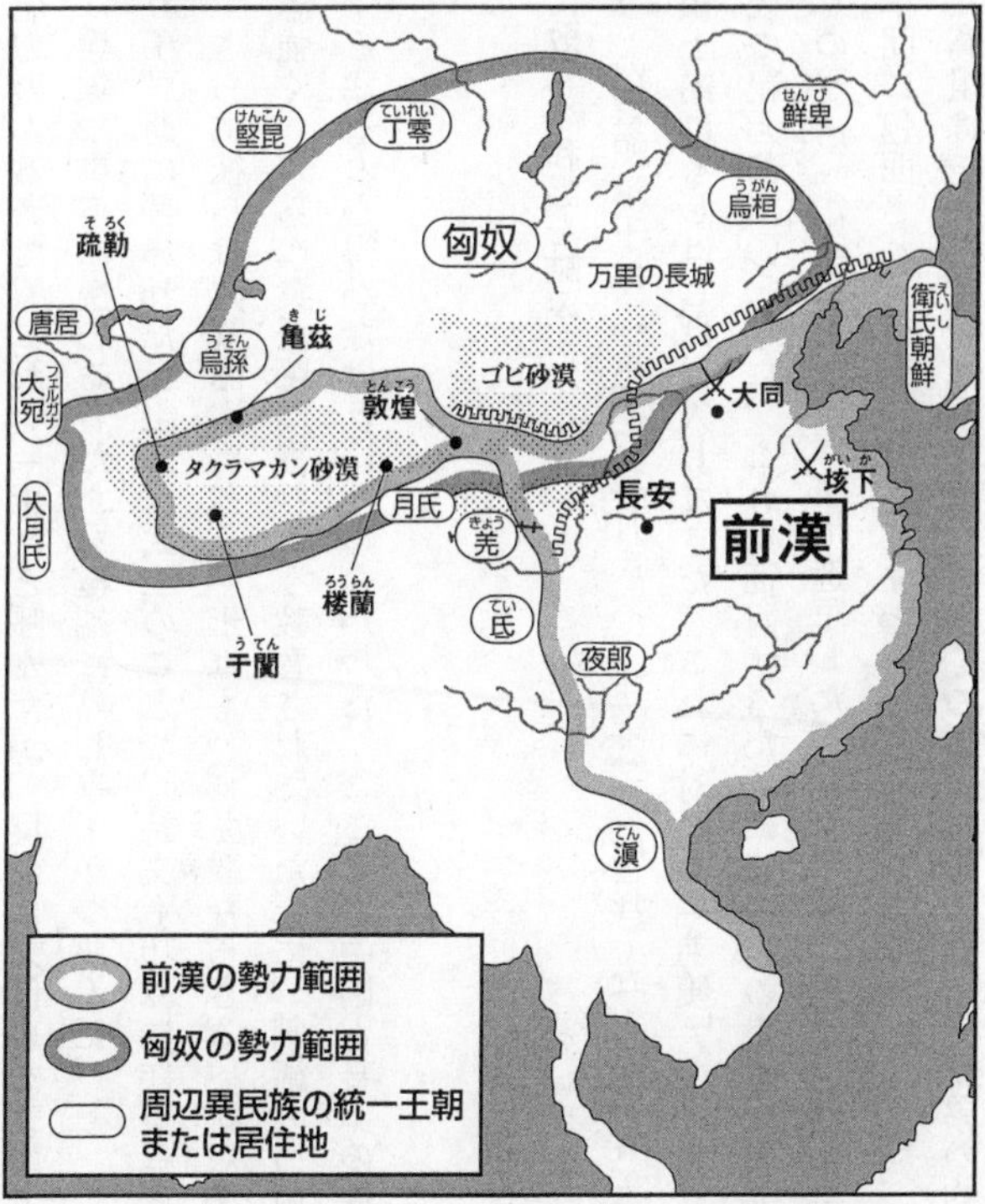

に詩文を作る能力のある者で、これを「士」と呼んだが、反対に力仕事を主にする農民や職工、あるいは兵隊や軍事に携わる者たちを極端に卑《いや》しみ、かつ蔑《さげす》んだ。

一方、日本の江戸期に言われた「士」は武士のことで、詩文も巧みに作ることができる者も多くいた。さらに彼らは『論語』に言う「士はもって弘毅《こうき》ならざるべからず」を実践し、心広く意志強く、さらに責任感に富むよう教育されていた上に、剣術・弓術・槍術・馬術を始めとする武道の心得がなければならなかった。ここにも中国と日本の違いを見ることができる。

高祖、『匈奴』に敗れ、和議を結ぶ

さて、『匈奴』の冒頓単于《ぼくとつぜんう》は『東胡《とうこ》』、『月氏《げっし》』、『丁零《ていれい》』、『堅昆《けんこん》』などを次々と撃破した勢いで、中国領土内にもしばしば侵入してきた。これに対して「前漢」の高祖は、建国からわずか二年後の紀元前二〇〇年に、これを征討するために三二万の大軍を華北に集め、雲崗《うんこう》の石窟《せっくつ》近くの平城《へいじょう》（山西省大同県）まで進軍したが、その時、突然、冒頓単于率いる四〇万の騎馬軍団に包囲され、撃破されてしまった。

敗戦を認めた高祖は一族の娘を単于に嫁し、多くの贈物を贈った上、兄弟の約束を結ぶ

ことによって匈奴と和議を結んだ。和議の内容は、両国が互いに領土を侵さないこと、漢室の女子を単于へ嫁せしめること、関市（交易場を設けること）を行なうこと、漢から匈奴へ歳幣《さいへい》（贈物）を贈ることなどであった。この和議は、武帝が就位する紀元前一四一年まで六〇年間続けられることとなった。

後顧の憂いがなくなった匈奴は、強力な騎馬軍団をもってゴビ砂漠を横切り、トゥルファン盆地、タクラマカン砂漠も越えて西域地方に遠征した。西域には当時、『楼蘭《ろうらん》』や『于闐《うてん》（ホータン）』など三六からなるオアシス国家が存在していたが、そのことごとくが匈奴の軍門に下った。匈奴の領土は、東は西満州から北はバイカル湖、イェニセイ川、オビ川の上流域まで、西はタクラマカン砂漠を含んでパミール高原まで、南は崑崙《こんろん》山脈からツァイダム盆地を経て前漢内の蘭州、そしてオルドスを通って満州にまで達した。

ところで、前漢のはじめ、揚子江中流域、現在の貴州《きしゅう》省北西部に『夜郎《やろう》』という民族がいた。「漢」の武帝からの使者が来たとき、夜郎王は「漢と夜郎とどちらが大きいか」と質問し、「夜郎自大《やろうじだい》」の諺《ことわざ》が生まれたと言われる。『夜郎』は結局、紀元前一一一年に「前漢」によって滅ぼされてしまった。

揚子江中流域にはほかにも多くの異民族が住み、前漢は郡県制度をしき、これらを統治した。また現在の四川省から雲南省《うんなん》には、当時三〇以上の異民族が蟠踞《ばんきよ》しており、前漢ははじめ、これらの異民族の長に爵位を与えて懐柔したが、のちには漢人の囚人などを送り込み、次第に郡県制度の中に組み込んで漢化していった。

武帝《ぶてい》が「匈奴」を攻略した秘密兵器とは

さて、『匈奴』に対して屈辱的関係に甘んじてきた「前漢」は、その後、国内の支配が安定化し、紀元前一四一年に武帝《ぶてい》(前一五六~前八七年)が即位するに及んで、その力関係を逆転するための政策に転じた。

漢の武帝は、まず前一三九年に、部下の張騫《ちょうけん》(?~前一一四年)を西方イリ盆地の『大《だい》月氏《げっし》』のもとに遣わし、匈奴を東西から挟《はさ》み撃ちにしようとする戦略を練った。

しかし張騫は、漢帝国を出るとすぐに匈奴に捕らえられ、一〇年間近く留められた。その後、脱出したが、『大月氏』に到着したのは、紀元前一二九年ごろであった。しかも大月氏は、『烏孫《うそん》』に追われてアラル海に注ぐ大河・アムダリア川の上流に移住しており、すでに匈奴と戦う意思はなく、張騫は一年間をこの地で過ごしたものの得るところがなかった。帰路でも再び匈奴に囚《とら》われ、長安に帰りついたのは紀元前一二六年であった。

張騫は所期の目的は達成することができなかったが、一三年間に及ぶ西域への困難な旅行を通して、西域諸国の地理、気候、人情、民族、習俗、物産などの情報を中国にもたらし、武帝をして大規模な西域支配の野望を決心させるにいたった。また、その後の歴代皇帝にも、商権と交易ルート確保のための決定的な情報を提供したと言える。

前漢の武帝は、張騫が帰国する三年前に匈奴討伐の軍勢を起こし、車騎将軍・衛青《えいせい》や霍《かく》去病《きょへい》らを北方に派遣した。衛青はこれより一一年間にわたって匈奴と戦い、七度、匈奴を討つ武勲を立てた。この一連の戦いで匈奴はオルドス地方を失なっただけでなく、一族の太子於単《おぜん》や渾邪王《こんやおう》が前漢に亡命するなど分裂を始め、半数はゴビ砂漠の北方に追いやられた。

では、なぜ武帝は、それまで連戦連敗だった対匈奴戦で、逆に連戦連勝を続け、ついには匈奴を陰山山脈の南麓まで、追い払うことができたのだろうか。

実は、その秘密は鉄にあった。中国では紀元前五〇〇年ごろから鉄の生産が始まったが、長いあいだ青銅器と併用される時代が続き、「秦」時代においても矢の先につける鏃《やじり》は銅であった。高祖時代には、若干の矢には鉄製の鏃が使用されたものと考えられるが、戦術的には従来と同じ方法であったから、敵の数が多ければ匈奴の騎馬軍団には敵《かな》わなかった。

ところが、武帝の時代になると鋳鉄《ちゅうてつ》、すなわち鋳物の技術が開発されたために、大量生産が可能になった。従来は鉄鉱石を生焼きにし、これを叩いて錬鉄に変え、農耕用器具や武具を製作していたのに対し、鋳鉄とは鉄鉱石を溶かして湯の状態にし、鋳型に流し込むだけであるから、同型の物がいくらでも生産できるようになったのである。

こうして新たに大量生産された鉄の鏃は、長く重くかつ鋭く、当然ながら弩《いしゆみ》も弓も、従来型より大型なものになっていたに違いない。

このため漢軍と匈奴軍が遭遇すると、匈奴の騎馬軍団が漢軍に近付きつつ馬上から一斉に弩や弓に矢をつがえて発射するのに対し、漢軍はすでに馬から飛び降りて大地に片膝をつき、匈奴軍が矢を発射する前に、一斉に鉄製の矢を大型の弩や弓につがえて射たと思われる。鉄製の重い鏃を使用しているために射程は長く、匈奴が矢を放つ前にすでに漢軍の矢が届いていたであろうことは疑いない。かくして、さしもの匈奴騎馬軍団も漢帝国軍に撃破され、華北から撤退を余儀なくさせられた。

今日でも華北地方が禿山《はげやま》ばかりである理由

今日の華北地方の山々は禿山《はげ》ばかりであるが、その最大の理由は武帝による鉄製武具・農具の生産にあった。鉄を生産するには莫大な木材を必要とする。そのために、華北一帯の山々は裸になるまで伐採されてしまったのである。しかも日本のような湿潤な気候ではなく、乾燥した大地であるから、一度伐採されると再生は不可能となった。

しかも華北の山々は、それ以前の青銅器具の時代から伐採されてきていたから、石ころ剝《む》きだしの禿山となってしまった。華北から蒙疆《もうきょう》までの境を走る万里の長城は、この禿山の上に築かれているために遠くまで見晴らしがきき、昼間ならば異民族の侵入は直ちに察知できたというわけである。

さて、敗走した匈奴軍団は、その後南北に分裂し、このうち北匈奴は中央アジアに去って力を蓄え、やがて中央アジアからヨーロッパに入り、ゲルマン民族の大移動を誘発することとなる。その頃には、彼らも鉄製の鏃を矢の先端に付けていたに違いない。

鋳鉄技術は鏃だけでなく、兜《かぶと》や鎧《よろい》、鐙《あぶみ》などの武具の他、農耕器具にも盛んに利用されたから、中国における農業生産力は飛躍的に増大し、人口も空前ともいうべき六〇〇〇万人にまで跳ね上がった。

中国歴代王朝の西域統治政策とは

シルクロードという言葉は、十九世紀末にドイツの地理学者であるリヒトホーフェンが初めて使い出した造語であるが、漢民族にとっては、張騫がシルクロードを切り開いた最初の人物であった。

「前漢」の武帝は、張騫の西域情報に基づいて、前九九年にタリム盆地の北辺、カラシャフル川の支流のオアシスに屯田《とんでん》兵を進駐させ、高昌壁《カラホジョ》と呼んで、植民活動を盛んに行なった。この屯田オアシス集落は、五世紀頃にはオアシス国家を作るまでに隆盛となるが、やがて「唐」によって滅ぼされた。

この屯田という制度は、国家の防衛と財政の財源確保のために設置されたもので、「屯田法」という法規まで制定されていた。前漢時代には敦煌《とんこう》、張掖《ちょうえき》など西北の辺境に置かれ、西域地方が漢の領土に編入されると盛んに屯田が置かれるようになった。

「後漢」時代に入っても屯田は断続的に行なわれ、その後の三国時代にも奨励された。しかし、異民族王朝となった「遼《りょう》」、「金《きん》」、「元《げん》」の時代のやり方は、漢人の田を取り上げて、自民族に与え、漢人を屯田民として使用したので、漢人の反抗を招き、国家の基礎を破壊することになった。

「明」代では、軍屯、民屯、商屯に分かれたが、このうち商屯とは、塩の商人によって辺境に設けられた屯田のことで、商人は軍糧を辺境地帯に輸送し、その代償として塩を供給された。

「清」代になると、外蒙古や西域あるいはチベットなど、辺境地域の異民族は皆、「清」の巧みな異民族政策で反抗心を骨抜きにされていたので、大規模反乱はほとんど発生せず、したがって一定の軍を配置するだけで辺境防衛は十分であった。それゆえ「清」代では、若干の屯田が存在しただけである。

ところが、中華人民共和国の時代になると、急速な人口増大に伴って、漢民族農民の耕地が極端に不足するようになったことと、少数民族の独立志向を抑える必要から、辺境地への屯田（植民や移民）が積極的に奨励されるようになった。このため、建国当初は中国二六省のうち漢民族の住む正州は一三省であり、残りの一三省は少数民族の居住する地域であったが、屯田の結果、現在ではどの州でも、漢民族人口の方が少数異民族の人口数を上回っているほどである。

少数民族地へ進出した漢民族は、少数民族とは異なる地域にまとまって居住しているから、少数民族から見れば、漢民族は単に侵入者に過ぎず、当然ながら少数民族の不平・不満を惹起し、独立の火の手を挙げることになる。

中国政府は建国から一〇年間ほどは、国際政治舞台でインドとともに「民族自決原則」を旗印にしていたが、現在ではこのスローガンを引っ込めてしまっている。つまり中国にとっての民族自決原則とは、あくまでも漢民族にとっての原則であって、中国領域内に居住する少数民族に対しては、断固として適用させない原則なのである。

ともあれ、話を「前漢」の時代に戻すと、紀元前六〇年に宣《せん》帝は西域に烏塁《うるい》城を築き、「西域都護府《さいいきとごふ》」として西域都護という官を設け、西域地方を治めさせた。その任務は屯田の経営と貿易の保護にあった。武帝によって匈奴が討伐された結果、西域諸国では争って前漢に質子を連れて入貢《にゅうこう》する者が増えていった。

『漢書』の西域伝によれば、前漢末までに漢の印綬を佩《お》びた西域人は、その地の国王、貴族、官僚等を含めて三七六人に達したが、いずれも前漢の外臣となった。その中には『烏《う》孫《そん》』、『大宛《フェルガナ》』、『康居《こうきょ》』などといった大国も含まれている。

一方、華南地方には「前漢」の初めに『南越』王国が成立していたが、前一一三年、前漢軍は首都・番禺《ばんう》(現在の広東省の位置)を陥落させ、南越王国は滅びた。

これ以降、しばらくは、華南の地には「前漢」に対抗できる強国は現われず、これらの地の異民族は、結局漢に服属し、時代とともに漢民族に融合していった。しかし、その後漢民族の帝国が衰退すると、越地方のさまざまな民族は力を盛り返し、たびたび中国南部へ蚕食《さんしょく》を図った。

三章　異民族の大反攻、「漢民族」の消滅

〔後漢《ごかん》・三国時代　二五年〜五八一年〕

——シルクロードをめぐる攻防から、空前の大混乱期へ

(一)「後漢《ごかん》」帝国――シルクロードを掌中に

王朝の交替と、人口四〇〇〇万人大激減の怪

「前漢」も末期になると、外戚《がいせき》や宦官《かんがん》の権力争い、地方豪族の台頭により、中央集権的な体制が揺らぐようになった。前漢の元帝《げんてい》の皇后の甥に生まれた王莽《おうもう》（前四五～後二三年）は、娘を一〇歳の平帝《へいてい》に嫁《とつ》がせたが、平帝がわずか五年間の在位で亡くなると帝位を簒奪《さんだつ》し、紀元後八年に皇帝に即位した。そして国名をそれまでの「漢」から「新《しん》」に変更した。

王莽は民のためを思って、新しい官僚制度や土地の国有化政策、あるいは奴婢《ぬひ》の禁止令を出すなど大改革に乗り出したが、官僚、地方豪族、大商人などの反対に遭い、経済も混乱と窮乏に陥った。そのため農民たちは、漢の復興を求めて華北一帯で反乱を起こした（赤眉《せきび》の乱）。

この機会に漢の一族である劉秀《りゅうしゅう》（前六～後五七年）が挙兵し、長安に入城した。王莽は殺され、「新」は滅亡した。かくして劉秀は皇帝として即位し（光武帝《こうぶ》）、ここに「後《ご》

漢《かん》」が成立した。時に紀元後二二五年であった。後漢は都を長安から洛陽に移し、二二〇年に滅びるまで一九五年間、続くことになる。

この間、前漢末の紀元後二年当時、五九五九万人だった人口が、後漢初代皇帝の光武帝が崩御《ほうぎょ》した五七年には二一〇〇万人に大きく減少してしまった。

この人口大減少の最大の理由は、数百万を数えた赤眉軍が劉秀軍に滅ぼされ、ひきつづき体制派の虐殺が行なわれたことである。さらに農民が仕事を放棄して一〇年間も戦場生活を続ければ田畑は荒れ、食糧はなくなり、毎年が飢饉の連続となる。その結果として数百万人が死亡するのも無理はない。

余談ではあるが、中国料理には日本人から見れば随分とゲテモノ料理が多い。蛇、熊、狸、犬、猫、コウモリ、コオロギ、燕《つばめ》の巣など、現在では高級料理として珍重されるが、もとはと言えば、一つは贅沢に飽きた皇帝が珍奇な料理を求めたこと、いま一つは戦乱や大災害による飢饉で人民が食糧難に陥ったのがはじまりだった。

これらの動物は、台所に運び込まれて何度も失敗を繰り返した結果、ようやく食べられるようになったのであろう。

それはともかく、わずか五十数年の間に四〇〇〇万人近い人口が減ってしまったわけで、漢民族による大量殺戮は、これ以降も王朝交替期において繰り返されることとなる。

「後漢」が日本に送った金印の謎

さて、このころの日本はどうであったかというと、『漢書』地理誌によれば、紀元前一世紀のころ、倭人の国は百余国に分かれていたと言う。しかし「後漢」の時代になると、五七年に『倭』の国王は使者を洛陽に派遣し、生口《せいこう》(奴隷)一六〇人を光武帝に奉貢した。光武帝は倭国王に印綬を与えたが、一七八四年に志賀島で発見されたと伝えられる「漢委奴国王」の金印がこの時のものと思われる。

ただしこの印は、つまみの部分が、とぐろを巻いた蛇をかたどっている蛇鈕《だちゅう》であった。ふつう中国が外臣に与える印は、北方諸民族の場合は駱駝鈕《らくだちゅう》、南方の場合は蛇鈕なのだが、なぜ日本に与えた印が蛇鈕になったのかは謎である。また材質も金というのは破格の待遇で、同じころ匈奴《きょうど》に与えた印は駱駝鈕の銅印であった。

このころ漠北地方に拠点を置く異民族では、代表的なものに、『烏桓《うがん》』『鮮卑《せんぴ》』『北匈奴《きたきょうど》』『大宛《フエルガナ》』『西羌《さいきょう》』などがあった。

『烏桓』は、「前漢」と「後漢」の中ごろまでは匈奴の支配下にあったが、「後漢」の終わ

「後漢《ごかん》」時代(A.D.25年〜220年)

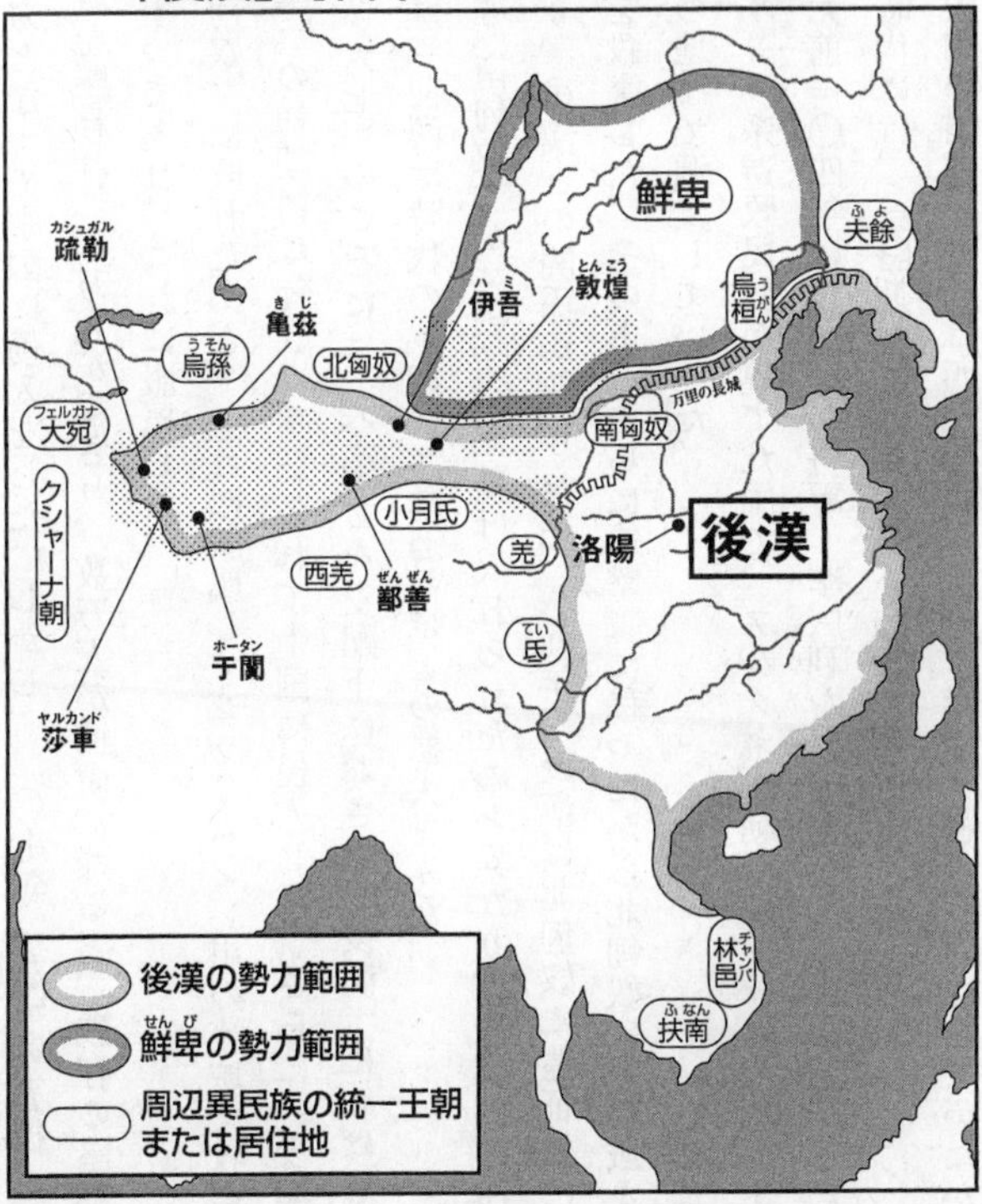

りごろ一大勢力となって中国に侵入をした。しかし、二〇七年「魏《ぎ》」の曹操《そうそう》（一五五～二二〇年）に柳城を襲われ二〇万人が殺され、数万人が捕虜になると、残存の諸部族は一族の『鮮卑』を頼って逃れ、これに服属した。

『鮮卑』は『匈奴』に敗れたあと、これに服属してシラ＝ムレン川の流域で牧畜、狩猟に従事し、「後漢」の初期には匈奴に率いられて中国に侵入した。さらに「後漢」の桓帝《かんてい》（在位一四六～一六七）のころには、全蒙古《もうこ》を支配下におさめ「後漢」にしばしば侵入した。その国土は「前漢」時代の「匈奴」に迫るほどの拡大をみた。

『北匈奴』は、『南匈奴』が「後漢」に受け入れられたのと異なり、後漢から冷遇されたため北方に去り、後漢との関係が悪化した。八九年、後漢は北匈奴に遠征してこれを破り、二〇万人を殺害した。その上、さらに追撃戦に移ったから北匈奴は、西域を越えてはるか『烏孫《うそん》』の地まで遁走していった。

『大宛』はペルシャ系遊牧民族が建てた国で、アケメネス朝ペルシャ時代に、すでに現われている。紀元前一〇四年には武帝が将軍・李広利《りこうり》を遠征させ、これを制圧した。「前漢」と「後漢」の時代には、一時期外臣になっていたこともある。

『西羌』は、中国の西部あるいは西北部に居住し、半農半牧の生活をしていたが、「後漢」

時代になると次第に政治的統一を成し遂げ、在地の漢人豪族や官吏の過酷な収奪や酷使に対して、しばしば反乱を起こして帝国を悩ました。

その他、漢の周辺にはチベット系の『氐《てい》』族や、ヴェトナム半島南部にまで進出した『林邑《チャンパ》』、およびクメール族の国家で三世紀前半にはインドや中国と国交を開いた『扶南《ふなん》』があった。この『扶南』と『林邑』地方には、古くからインド人が平和的に移民し、インド文化を大いに広めていた。

侵略者・班超《はんちょう》による西域征伐

「後漢」の明帝《めいてい》は、紀元後七二年、西域支配のために竇固《とうこ》（？～八八年）を起用し、黄河上流の涼州《りょうしゅう》に駐屯させた。竇固は、天山北道の入り口付近を支配していた『車師《しゃし》』に攻め入り、これを征した。さらに翌七三年には班超《はんちょう》（三二～一〇二年）も一隊を率いて参加し、『車師』のすぐ隣りにあって、天山北路と天山南路（北道）の分岐点に相当する地を抑えていた『伊吾《ハミ》』を討ち、この地に屯田兵を置いた。

これ以降、班超は西域諸国招撫《しょうぶ》の任を授けられ、西域に駐留しつづけた。彼はまず、東トルキスタンのロプ＝ノール南方にあったオアシス国家・『鄯善《ぜんぜん》』に三六人の部下を率いて赴いたが、鄯善国に入った時、ちょうど『匈奴』からも一〇〇人を超える使節団が来ていたために、鄯善王は匈奴を恐れて班超を無視した。そこで班超は匈奴の使節団を襲う計画を立て、尻込みする部下たちに、有名な格言「虎穴に入らずんば虎児を得ず」を吐いて激励し、匈奴の宿舎を急襲して皆殺しにしたので、鄯善王は班超に従った。

次に班超は、天山南道の西六〇〇キロ彼方にある『于闐《ホータン》』に派遣された。この時も三〇人で出発したが、南道に沿うオアシス国家を次々と征圧し、『于闐』王の説得にも成功した。これを見た「後漢」では、七四年に西域都護《とご》を復活し、それを車師後部に置いた。

しかし、七五年に竇固が帰国すると再び西域諸国が背《そむ》いたので、班超は帰国命令を断り、西域諸国に遠征した。班超の決心を知った後漢の章《しよう》帝は二度にわたって一八〇〇名の軍勢を班超のもとに送った。勇躍した班超は再び天山南道に沿って『于闐』まで進出し、『莎車《ヤルカンド》』を降《くだ》し、次いでタクラマカン砂漠の西北隅にある『疏勒《カシュガル》』も再び服属させた。しかも時を同じくして西方の大国クシャーナ朝（大月氏《だいげっし》）が攻め寄せてきたが、これも撃退した。

さらに班超は、匈奴に従っている天山北道沿いのオアシス国家である『温宿《ウチュ》』、『姑墨《アクス》』、『亀兹《きじ》（クチャ）』等を帰服させた。九〇年には『大月氏（クシャーナ朝）』の軍を撃退し功を挙げたので、後漢は九一年に、班超を西域都護に任命した。

このようにして班超は、タクラマカン砂漠一帯とパミール高原の東西交通路を開いて、五十数カ国を統轄した。しかしながら班超の事績をオアシス国家や匈奴の立場から見れば、漢民族は平和裏に行なわれていた交易を横合いから簒奪しにきた侵略者に違いなく、そうであればこそオアシス国家は、隙あらば寝返ることしばしばで、「後漢」が滅亡するや否や、さっさとその支配から脱してしまった。

恐らくオアシス国家にとっては、漢字を使用するモンゴロイド系漢民族との交易よりも、民族的、文化的、言語的に同質の西方諸国との交易の方が安心であったろうし、三跪《さんき》九叩頭《きゅうこうとう》させられたり、貢物を出さなければならない漢民族帝国との交流は不愉快であったに違いない。

ともあれ班超は、絹の道を確保したので、部下の甘英《かんえい》を「大秦《たいしん》」（ローマ帝国）まで派遣した。甘英はパルティア王国を通過して地中海に出たが、ローマへの船便が三カ月以上かかると言われ引き返した。一方、班超は帰国願いを出して許され、三一年ぶりに「後漢」へ帰り着いたが、齢《とし》はすでに七〇歳であり、帰国した翌月に死亡した。時に紀元後一〇二年であった。

中国の歴代王朝にとっての西域が持つ意味とは

張騫が、西域から帰国して以来（紀元前一二六年）、西域事情が明らかとなり、漢帝国だけでなくその後に続く歴代中国王朝にとっても、西域の重要性はとみに増大した。それは第一に、匈奴を始めとする北方遊牧民族の活動を牽制することであった。第二に、西域はシルクロードを通して、西方諸国との貿易、文化交流の要地であったことである。中国商人は陶器、茶、絹織物などを西方諸国に輸出し、西方諸国は中近東諸国の交易品のみならず、遠くヨーロッパからの物産、美術、時には宗教、学問などの文物を中国にもたらし、中国文化の多様化や国際化に大きく貢献した。

ただし、西域が歴史の脚光を浴びるのは「唐《とう》」代までで、やがてイスラム商人による海上交通が発達し、さらにヨーロッパ諸国が大航海時代に入ると、シルクロードの重要性はみるみる低下し、それとともに中国にとっての西域諸国は、単に朝貢を促し、皇帝の威光を国内に示すための領域に過ぎなくなった。

もっとも一九五〇年代になると、シルクロードのある新疆《しんきょう》ウイグル自治区は、中華人民共和国の核兵器実験場として、また大陸間弾道ミサイル発射基地として戦略的重要性を帯び、少数民族による独立問題との絡みでも再び脚光を浴びてきている。

(二)「三国・南北朝」時代――漢民族消滅の時代

中国社会を動かした秘密結社の系譜

「後漢」も中期以降となると幼弱な皇帝が続き、外戚《がいせき》や宦官が激しい勢力争いを繰り広げるようになった。この間、地方豪族は地方の官職を独占した上、後漢に服属していた異民族を酷使したりしていた。このため西方では『羌《きよう》』族の大反乱が起こった。また物価高騰で生活苦に悩まされていた農民たちは、道教に基づく宗教結社の「太平道《たいへいどう》」に入信するものが多く、一〇年間余りで信者数は数十万に拡大した。

太平道の教祖・張角《ちようかく》(?～一八四年)は、これらの信者を軍隊組織とし、一八四年、黄《こう》巾《きん》を標識として挙兵した(黄巾の乱)。そして中国の東半部の官庁や村落を焼いたり、略奪を行なったりしたが、その年の末には各地の主力は鎮圧された。

こうした中で黄巾の賊を破った曹操《そうそう》(一五五～二二〇年)は、二〇七年頃には華北一帯に勢力を張り、「魏《ぎ》」を建国した。

一方、曹操に敵対していた人物に劉備《りゆうび》(一六一～二二三年)がいた。彼は「前漢」第六代景帝の末裔と称し、学問はないが人望を集めており、関羽《かんう》、張飛《ちょうひ》、さらには後年、孔明《こうめい》という得難い軍師を得た。劉備は、揚子江中流域の実権を握って「蜀《しょく》」を建国した。

さらに黄巾の乱に活躍した孫堅《そんけん》の子である孫権《そんけん》（一八二～二五二年）は、浙江《せっこう》省を中心に華南に勢力を張って「呉《ご》」を建国し、ここに「魏」、「呉」、「蜀」の三国鼎立《ていりつ》が成った。

ところで、中国人社会を見る時に忘れてならない重要なことは、秘密結社の存在である。もともとは宗教上の組織として出発したものであるが、相互扶助機能が強く、構成員が多くなると政治的パワーをも持つようになる。ときには時の政権に対して反乱を起こしてこれを倒してしまうこともあった。その一例が「明《みん》」を建国した朱元璋《しゅげんしょう》（一三二八～九八年）の白蓮教《びゃくれんきょう》である。

そうした秘密結社のはじまりが「太平道」であった。ほかにもほぼ同じ時期に、同じく道教を基にした「五斗米道《ごとべいどう》」が四川に現われた。その法は祈禱による治病で、老子五千文を誦《ず》し、謝礼として五斗の米を徴収したので五斗米道と呼ばれた。

また、白蓮教が起こったのは「宋《そう》」代の一一三三年のことで、「元」代になると江南地方一帯に広がり、元末期には紅巾《こうきん》で頭を包んで仲間の標識とし、元を倒してしまった。朱元璋はこの紅巾軍の一将軍であった。

「三国《さんごく》」時代(220年〜280年)

さらに、一八五〇年に洪秀全《こうしゅうぜん》（一八一三～六四年）が創立した「上帝会《じょうていかい》」は、キリスト教を掲げた結社であるが、実態は会員の相互扶助組織であり秘密結社であった。ほかにも二十世紀初頭、扶清滅洋《ふしんめつよう》のスローガンを掲げて北京の列国領事館に雪崩《なだれ》込んだ「義和団《ぎわだん》」も、実は白蓮教系の一派であった。

このように、中国では時の豊かな社会から弾《はじ》き出された人々が、相互扶助の下に結社を作り、助け合うということがよくある。政府を当てにできないから自衛手段として組織を作るわけだが、結束は堅く、組織の掟《おきて》を破ったり脱会をしたりすれば厳しい制裁を受ける。時には犯罪者を匿《かくま》ったり、違法行為を行なったり、福祉活動をしたり、あるいは商業活動をしたりと、その実態は多種多様である。

また華僑のように海外にいる中国人の場合は、相互扶助の必要から、どこの国でも必ず秘密結社を持っている。日本に中国人密航者を送り込んで来る「蛇頭《じゃとう》」などは、犯罪の秘密結社である。

戦いの連続で、人口減は四八〇〇万人

後漢から三国時代にかけては、大規模な戦乱が相次ぎ、おびただしい死者を出した。黄

巾の乱は全中国の東半部を覆《おお》う大規模なもので、一回の会戦で数万の黄巾軍が殺害されることもしばしばだったし、降伏した場合でも容赦なく生き埋めにされた。

三国時代になると、曹操、劉備、孫権に加えて、孔明や司馬懿仲達《しばいちゅうたつ》（一七九～二五一年）など歴史的大スターたちが活躍するが、赤壁《せきへき》の戦いや五丈原《ごじょうげん》の戦いなどの大会戦では、両軍合わせて二〇〇万人近い軍勢が激突し、一〇〇万単位の死傷者数を出した。その上、三国は対外戦争も積極的に行なって夷狄《いてき》征伐に力を注いだが、兵力不足を補うため農民を軍役に駆り出したから、農村人口は減少の一途をたどり、農作物の収穫がなく、三国ともに飢饉が連続するようになった。

この間の人口推移をザハーロフ作成の人口一覧表でみると、後漢が最も繁栄を誇った一五七年における漢民族の人口は五六四九万人であったが、曹操が亡くなった二二〇年から二四二年頃の人口は、一割強の七六三万人に激減している。わずかの間に四八〇〇万人もの人口が消滅したということは、いかに戦乱による殺戮や虐殺が繰り返されたか、また飢饉や自然災害が連続して中国を襲ったかが容易に想像できよう。

異民族の導入と、新たな漢民族の誕生

周辺異民族との関係では、後漢の時代になると、『南匈奴』が一族郎党挙げて、万里の長城を越えて中国に移住してきた。このため、後漢末期では、長城付近に駐屯する漢軍は胡騎兵《こきへい》が多く、勇猛の盛名が高かった。

後漢の末期、国都・洛陽に入って政権をほしいままにした董卓《とうたく》は、氐《てい》や羌などの異民族を率いて天下を分裂させたが、その部下であった曹操は、夷狄兵による軍団の有用さを見抜き、董卓の死後、新たに遊牧騎馬兵を徴発し、さらには烏桓《うがん》族の根拠地である柳城を急襲して首長である単于《ぜんう》をはじめ二〇万人を殺し、残された数万の烏桓兵を捕らえて自軍に加えた。

「魏」の曹操のやり方は、直ちに「呉」や「蜀」の模倣するところとなり、「呉」は山間部に拠っていた『山越』を利用し、「蜀」はチベット系の『氐』や『羌』族を利用した。

なにしろ三国とも打ち続く戦争と飢饉のために、大量の人口を喪失していたから、兵隊としてだけでなく土木工事などの労働者や農家の小作人としても、新たな人手を大量に導入する必要に迫られていたのである。そしてこのことが、結果的に華北の漢民族王朝を滅ぼし、三〇〇年間にわたる異民族国家の創設という大混乱時代（五胡十六国《ごこじゅうろくこく》から南北朝）

を招く主要因となった。

だが、同時に注目しなければならないことは、三国時代に七〇〇万人にまで減少してしまった漢民族に代わって、蒙疆《もうきょう》系、チベット系、ツングース系、そして南方系などの異民族が多数中国に入ってきて漢民族と同化融合し、現代に繋がる新たな「中国人」を形成したことである。

一方、このころ日本では、邪馬台国の女王・卑弥呼（?～二四八年?）が「魏」に朝貢を行ない、「親魏倭王」に封ぜられた。さらに四世紀になると、日本は朝鮮半島の任那《みまな》地方に派兵してこれを支配、五三二年に新羅《しらぎ》に併合されるまで、国司《みこともち》を派遣して治めていた。

そして、この時以来、『三国志』の「魏志・東夷伝」に三韓や日本のことが記述されるとともに、三韓や日本が、「魏」と盛んに往来するようになった。

戦乱の絶えなかった中国・漢民族の対人間観

ところで台湾の評論家である柏楊《はくよう》氏が作成した『中国歴代戦乱編年史』によれば、中国は有史以来現代に至るまでの四〇〇〇年間、毎年必ず国内のどこかで戦争があったことになる。

繰り返し述べてきたように、戦争は水利に影響を与え、堤防が破壊されるので洪水が頻発して田畑は破壊され、さらに大旱魃に襲われると、後には必ず大きな蝗災《こうさい》（いなごの害）がやってくる。当然、飢饉によって食糧はなくなり、人民は昆虫から鳥獣や草木花まで、あらゆる生き物を口にせざるを得ないが、それもなくなると「人肉食」までして飢えを凌《しの》ぐことが、過去数千年間も行なわれてきた。

それゆえ、中国人はいつも不安を感じているので、他人を一切信用することがなく、もちろん政府も信用していない。きょう一日が無事に過ごせればよいと思うと同時に、少しでもよい食事と仕事を与えてくれる為政者であれば、国民党であろうが共産党であろうが構わない。そんなことよりも、自分の生活がまず第一である。

そして、他人に対しては絶対に弱みを見せてはならず、逆に相手の弱みに付け込まなければならないと考え、絶えず緊張しているほうが立派な人物という評価を受ける。

現代の中国人が持っている緊張感とは、日中戦争による被害者意識に基づく日本憎悪の感情である。

今日でも日本人を非難する時には、憎悪をむき出して「日本鬼子《リーベンクイズ》」と合唱する民族になっている。中国語で鬼とは、日本でいう幽霊や化け物のことを指すが、中国では童歌の中で子どもたちに歌わせているのである。中国人の言う「日中友好」はとても信じられたものではない。

史上空前の大混乱時代

さて、「魏」「呉」「蜀」三国時代に終止符を打ったのは、魏の将軍・司馬炎《しばえん》（二三六～二九〇年）であった。司馬懿仲達の子孫である司馬炎は、「魏」から帝位を簒奪して二六五年に「晋《しん》」を建国し、都を洛陽に移した。そして二八〇年には「呉」を滅ぼして全国を統一した。

しかし司馬炎・武帝が二九〇年に亡くなると、王室の紛争が発生し、一六年間も続くことになった。反乱を起こした諸王は、配下の兵力だけでは不足だったので、匈奴、羌、氐、鮮卑そして匈奴の支族である羯《けつ》などの異民族を多く抱えこんだ。

もっともこれら蒙疆の北方民族は、それ以前からも華北一帯の中国人の小作人となったり、軍隊として雇われたりして盛んに移住が行なわれていたために、その数は極めて多く、しかも武力を保持するグループが大半を占めた。こうして華北一帯に入り込んでいた

『匈奴』『鮮卑』『氐』『羌』『羯』の五胡は、続々と万里の長城を越えて中国内地に侵入をはじめ、まず「晋」の国都・洛陽を攻め落とし（三一一年）、別の隊は長安を陥れた（三一六年）。

この後、五胡の部族が入り乱れて争い、これに漢民族もからみ、三〇四年から四三九年までのほぼ一四〇年間の間に、十六の国家が興亡した。はなはだしいときは八ヵ国が並存する有様であった。この時代を五胡十六国時代と呼んでいる。

こうした華北の民族的混乱を統一したのは『鮮卑』の一部族である拓跋《たくばつ》部族である。拓跋部族はもっとも遅れて現在の内モンゴル地方に起こり、三八六年に平城に『北魏《ほくぎ》』を建国した。『北魏』は外モンゴル地方で勢力を増大しつつあったトルコ系民族『高車《こうしゃ》』を三九九年に征服し、着々と華北の弱小国家を滅ぼして国力を養い、ついに四三九年、華北を統一し、一四〇年間にわたる五胡の争乱は幕を閉じた。

ほぼ同時期に、江南でも軍閥の劉裕《りゅうゆう》が「東晋」を倒して「南宋《なんそう》」を建て（四二〇年）、中国は南北朝の時代に入った。

「南北朝」時代（北魏386〜534年 宋420年〜479年）

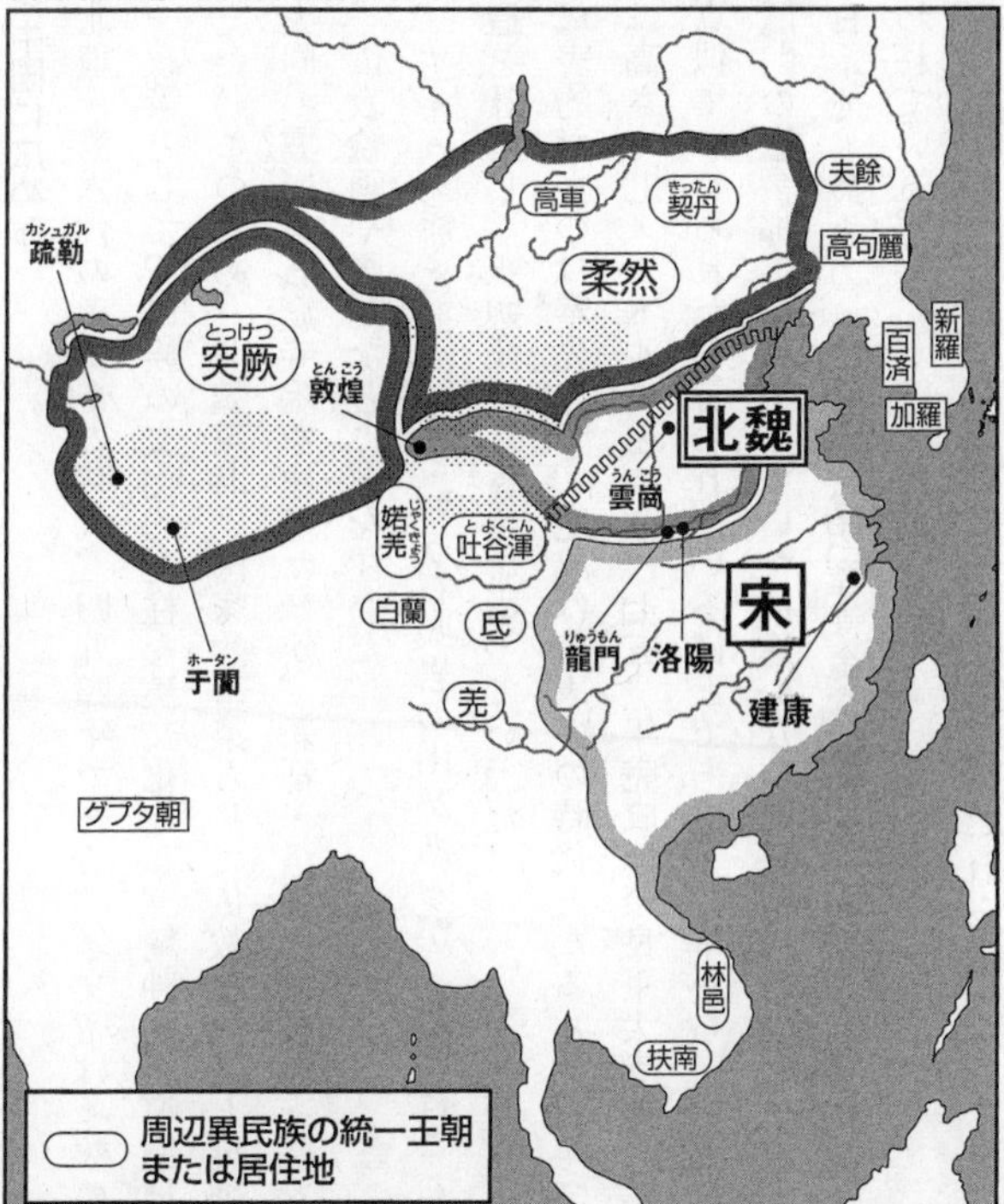

「北魏《ほくぎ》」、仏教を中国に広める

さて、時は北魏・第六代の孝文《こうぶん》帝の時代、四九四年である。孝文帝は多数の異民族からなる国家の統一政策として、民族の文化的支柱を漢文化とし、精神的指導原理を「仏教」に依《よ》ろうと考えた。このため、北魏政府は国家的事業として仏教の保護と奨励を行ない、かつての都・大同《だいどう》の雲崗《うんこう》に石窟寺院を建てたほか、新都・洛陽にも仏教寺院を一三六七寺も建立したり、仏教絵画や彫刻などに力を注いだ。

洛陽市の南一三キロの所に龍門山《りゆうもんざん》という石灰岩の山があるが、北魏はここにも大規模な石窟寺の建造を計画し、釈迦《しゃか》像や菩薩《ぼさつ》像を彫っていった。

龍門石窟で代表的なものは奉先寺《ほうせんじ》で、完成は「唐」の時代となる六七五年であるが、本尊の盧舎那仏《るしゃなぶつ》は高さ一七メートルほどあり、七五一年完成の奈良東大寺の大仏は、奉先寺の盧舎那仏を真似てつくられたと言われているほどである。日本から「唐」に渡った遣唐使の一員も、龍門の盧舎那仏を見物していたに違いない。

ちなみに、日本でも最古の仏像である法隆寺金堂の釈迦三尊像（六世紀前半の作）は、北魏様式といわれている。

一方、南朝は「宋《そう》」「斉《せい》」「梁《りよう》」「陳《ちん》」と変遷するが、これらの国々はともに首都を建《けん》業《ぎょう》に置いていた。この建業は、その後、建康《けんこう》に改名するが、七八〇年後の一三六八年には「明」が南京《なんきん》として都を定めた場所である。

ちなみに日本では、三五〇年に大和朝廷が全国を統一し、四一三年には「倭王・讃《さん》」が「東晋」に使節を送ったほか、東晋を倒して建国した「宋」や、つづく南朝諸国に、「倭の五王」、すなわち讃、珍、済、興、武が国書を送って来たことが『宋書』ほかに記録されている。

この時期の中国は、北朝も南朝も仏教が大いに広まった時代で、唐代になって詩人杜牧《とぼく》（八〇三〜八五二年）が江南の地に遊んだ時、南朝をしのんで「南朝四百八十寺　多少ノ楼台、煙雨ノ中」という詩を詠んでいるが、実際には七〇〇以上の寺院があったと言われている。

南朝の歴代王朝は、異民族に華北を追われた漢民族の王朝だが、貴族たちは華北地方を奪還することなどまったく考えず、政治さえも忘れて空理空論を論じていた。これが世にいう「清談《せいだん》」であるが、老荘思想を祖述するとともに儒教を軽視し、もっぱら形而上学的な論争に熱中していた。漢民族は政治を最上の価値とする民族ということで有名であるが、唯一、南朝時代の中国人は逆に政治を野暮として、風流を価値あるものとした稀有の漢民族であった。

このころ、朝鮮半島では『百済《くだら》』と『新羅《しらぎ》』が次第に力をつけはじめたが、半島の半分以上は『高句麗《こうくり》』が支配をしていた。高句麗は、その当時北方にいた『沃沮《よくそ》』を討って服属させ、その領域を拡大していた。

特に高句麗十九代の好太王《こうたいおう》（広開土王とも。三七四～四一二年）は、朝鮮半島南部に勢力を張っていた百済を倭の援軍もろとも撃破したが、その偉業を称えた石碑が、一八八四年に鴨緑江《おうりよくこう》付近で発見された。内容は一八〇〇字を費やして、好太王が三九六年に連合軍を大敗させたことを伝えている。この石碑は、四～五世紀にかけて、すでに日本にも海外派兵をするだけの国家が成立していたことを証明する貴重な証拠資料でもある。

日本こそが「中華」だとした山鹿素行《やまがそこう》

一方、十六国が興亡を繰り返した揚子江以北の中国大地では、四世紀初頭から二八〇年間にわたって北方民族の支配が続いた。やがてこれらの中から『北周《ほくしゅう》』の武将・楊堅《ようけん》が「隋《ずい》」を建国し、中国全土を統一するが、この事態によって五胡十六国時代以降の中国人は、もはや純粋な漢民族ではなくなったと言える。

人民統治の方法などにも、孔子が理想とした礼節、忠孝、仁義などを尊ぶ風潮は失われていった。秦が採用した官僚制度は、その後の中華帝国においても取り入れられたが、政治を壟断《ろうだん》するような宦官が増大し、また孔子が思ってもみなかった科挙《かきょ》などという制度が出現した。

ところで、赤穂浪士討ち入りの際に、大石内蔵助《おおいしくらのすけ》が使用したと伝えられる山鹿《やまが》流陣太鼓、と言うよりも彼が学んだ山鹿素行《やまがそこう》（一六二二～八五年）という軍学者のことに触れておきたい。山鹿素行は、江戸時代に幕府の公認学問である朱子学を批判したために、罰を受けて野に閉塞させられたが、その有名な著述『中朝事実《ちゅうちょうじじつ》』において、以下のようなことを述べている。

それは「漢民族は五胡十六国時代から南北朝時代にかけての三〇〇年間、遼《りょう》時代の二〇九年間、金時代の一〇九年間、元時代の九〇年間、そして現在の清時代まで、野蛮人に支配され、かつ混血融合が進んだために、もはや純粋の漢民族とは言えなくなり、文明そのものも漢以来停滞をしてしまった。それに対して日本は純粋な漢民族であった孔子や孟子の教えなどを書物を通して導入し、礼節、仁義など儒教精神を武士社会の中心に据えて発展をしてきた。それゆえ、日本人こそが春秋時代の聖賢の教えを正しく受け継いだ民族であり、真の中華とは日本のことを指し、真の中国人とは日本人のことを言う」というのである。

タイトルの「中朝」とは日本という意味であると説明をしているのであるが、彼には日本が世界に誇る文明創造国という意識があったように思える。

実際、こうして中国の歴史を概観すると、素行の指摘には、おおいにうなずけるものがある。

さて、このような混乱した時代には必ず人口も減少するのが恒《つね》だが、はたして三国時代を統一した「晋」の西暦二八〇年においては、一六一六万人であったものが、「隋」が統一する前年の五八〇年の人口は、九〇〇〇万人に激減していた。

ところが、隋が統一して平和が訪れ、大運河の建設によって南北間の経済が著しく活発になると、中国経済は成長発展し、人口もわずか三〇年間に、四〇〇〇万人を突破する勢いを見せることになる。

四章

史上最大の中華帝国の成立

〔隋《ずい》・唐《とう》　五八一〜九〇七年〕

——日本人が憧れた〝文化国家〟の隠れた素顔

(一)「隋《ずい》」帝国——高句麗《こうくり》遠征が命取り

二八〇年ぶりの中国統一国家誕生

「隋」を建国した楊堅《ようけん》(五四一〜六〇四年)は『北周《ほくしゅう》』の高級武将であったが、北周という国家は、もとはといえば拓跋《たくばつ》部族が建てた『北魏《ほくぎ》』の後裔であり、楊堅の出自は、漢化した拓跋族であった。

一方、北から南へ逃げて六朝を開いた漢民族は、それまで開発が進んでいなかった揚子江周辺や江南を三〇〇年間にわたって徹底的に開発し、経済的にはむしろ北部よりも豊かな財を作り出した。この豊かな財力の陰で、農村では大地主が勃興し、自作農は没落するという動きが急速に進み、都市部では富豪や貴族たちによって文芸、芸術、思想、宗教、実学等の分野が大いに開花し、刷新の気風が生じつつあった。

以上の揺籃期《ようらんき》を経る中で、北朝も南朝も門閥制度の行き詰まりの打開や、より効率的な南北間交流などが双方で求められるようになり、統一の気運が高まりつつあった。このようなときに楊堅が登場したのである。楊堅はまず、北方で勢力を増しつつあった『突厥《とっけつ》』

を攻めてこれを抑え、五八七年には湖北でわずかに命脈を保っていた「後梁《こうりょう》」を滅ぼし、いよいよ念願の中国統一達成のために、南朝の「陳《ちん》」討伐の軍勢を催した。いまや文帝となった楊堅は、五八八年十月、兵五二万で陳に攻め入り、敵の一〇万を簡単に撃破して、五胡《ごこ》の乱以来二八〇余年にして、再び中国を統一する大業を成し遂げた。

文帝の楊堅は「隋」を建国するや、これまでの中央官制や地方制度を大幅に改革するとともに、新たに領土となった南朝の旧領に多くの役人を派遣する必要上、「科挙の制度」を開き、中央において官吏登用試験を行ない、その合格者を地方官に任命した。

しかし六〇四年に息子の広《こう》が第二代皇帝・煬帝《ようだい》（五六九〜六一八年）になると、隋は内治外交の両面で積極策を取りはじめた。先に文帝は国都・長安から黄河に入るための運河・広通渠《こうつうきょ》を作ったが、煬帝の時代になると、中国大陸の河川がすべて西から東へ流れて海へ向かうため、南北間の交通が不便であるとして、南北を通す運河の開削に乗り出した。これは蓋《けだ》し慧眼《けいがん》であった。

まず、黄河と淮水《わいすい》とを結ぶ通済渠《つうさいきょ》、淮水と揚子江を結んで江都《こうと》に至る邗溝《かんこう》を拓き、次に黄河から北京方面に至る永済渠《えいさいきょ》を完成し、さらに揚子江から杭州《こうしゅう》に達する江南河《こうなんが》を開削した（六一〇年）。これらの大運河はいずれも五カ月間で完成させようと、男女一〇〇万人以上を動員して掘削させたが、その全長は一八〇〇キロにも及び、幅は三〇～五〇メートルもある壮大なスケールのものだった。

隋代の運河は、南北間の交流を一気に促進させて経済発展に一層の寄与をしたが、楊堅や二代・煬帝《ようだい》の真の目的は、中央集権政治の徹底であり、租税徴収のための交通路の確保と、軍隊移動を容易にすることにあった。これによって渭水《いすい》中流域にあった帝都・大興《たいこう》と陪都・洛陽には全国から情報と物資が集まり、統一中国の支配が容易となったのである。

ただし、古代の土木工事であるから年間を通しての舟航は困難で、雨季には水流が急であったり、冬や春の渇水期には水が不足したりして、しばしば舟航を途絶させた。さらに黄河からは大量の泥土が沈積するなどの欠点があり、そのたびに周辺の住民が修復作業に駆り出された。

煬帝の大事業はこれに止まらず、毎月二〇〇万人を動員して洛陽に東都《とうと》を建設したほか、各地に離宮を造営していった。さらに、数十万人を動員して北方からの突厥《とっけつ》の侵入を防ぐ長城の構築も行なった。

「隋《ずい》」時代（581年〜618年）

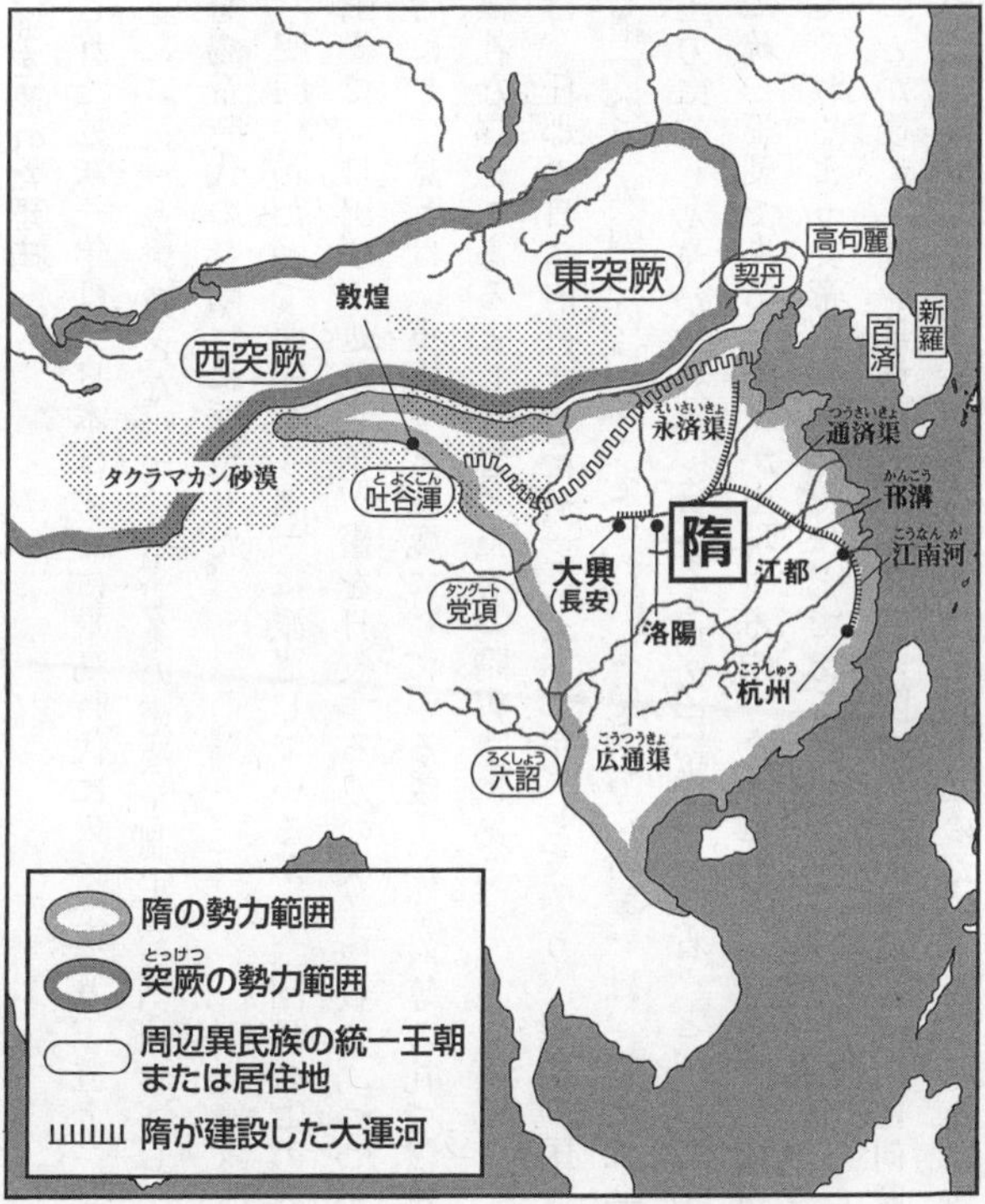

隋の皇帝が高句麗を恐れた理由

「隋」が建国された五八一年は、日本はすでに飛鳥時代に入っており、五九三年には聖徳太子（五七四〜六二二年）が摂政となって、十七条の憲法を制定（六〇四年）し、六〇七年には小野妹子《おののいもこ》を煬帝時代の「隋」に派遣した。

聖徳太子は、四回にわたって使節を「隋」に派遣しているが、二回目のこの六〇七年に派遣した時の国書で「日出ずる処《ところ》の天子、書を日没する処の天子に致す。つつがなきや」と書いた。煬帝にして見れば『東夷《とうい》』と馬鹿にしている倭王が、対等の礼で書を送ってきたのだから、無礼な国書であるとして怒ったと『隋書』にある。

朝鮮半島では、任那《みまな》の日本府はすでに滅亡（五六二年）しており、韓族の国家としては『百済《くだら》』と『新羅《しらぎ》』の二カ国だけになっていた。このうち『新羅』は、初めは『高句麗』や『日本』の圧力に苦しんだが、外交と軍事を巧みに駆使して着々と国力の増大を図った。特に中国に統一王朝である「隋」が出現するや、直ちに朝貢を行なって『高句麗』の圧迫を除去してくれるよう文帝に懇願したほどである。

だが、このことが後に「隋」崩壊の一因となる。隋ではその短い治世中に何度も高句麗に遠征軍を送っているが、なぜ、高句麗をそれほど恐れたのだろうか。それには次の事情があった。

実は、隋を建国した楊堅の出身の拓跋部族も高句麗族も、一世紀ごろはともに満州の遼《りょう》河《が》付近に居住して遊牧や狩猟生活をしていた隣人同士であった。つまり隋の前の「北周」は、万里の長城を越えて遼東半島から満州南部までを領域としていたが、北東の境界に接していたのが『高句麗』だった。『高句麗』と「北周」とは長く友好関係を維持していたが、その北周を楊堅が簒奪したということで、高句麗は隋に強い敵対感情を抱くようになった。

それに加えて楊堅自身、北方部族が戦闘に強いことを充分認識していたから、高句麗に対しては常に恐怖心と警戒心を持っていたのである。

一方、『高句麗』の圧力に常に怯《おび》えていた『新羅』は、中国に統一国家・隋ができるとさっそく朝貢し、文帝に高句麗の横暴を訴え出た。

逆に高句麗は、南北統一以前の「北周」には朝貢していたが、隋の朝貢の求めには応じなかった。それどころか、隋が領土とするつもりの遼西地方に高句麗が軍勢を侵入させたため、中華帝国のメンツにかけても蛮夷《ばんい》の『高句麗』を懲罰する必要が生じた。

このため文帝は、海陸合わせて三〇万人からの大軍で遠征を行なった。ところが隋軍は高句麗軍に大敗を喫し、しかも疫病に見舞われる不運も手伝って、『隋書』によれば一〇人のうち八〜九人が死亡したと言われるほどの損害をこうむった。三〇万もの大軍を送って勝てなかった最大の理由は、高句麗軍が騎馬戦法であったのに対し、隋軍は歩兵戦法であったからで、当時の騎馬は現在の戦車に匹敵するほどの威力があったのである。

高句麗遠征にすべてが費やされた「隋」の三〇年

父・文帝を六〇四年に殺害して、あとを継いだ煬帝は、六一二年、復讐として第一回目の高句麗遠征軍を送った。この時の遠征軍の陣容は、海陸から一一三万人、輸送部隊として二〇〇万人からなる大部隊であったが、高句麗軍も必死になってこれを迎え討ち、隋軍はこのときもまた一〇人のうち八〜九人が死亡するという、惨澹たる有様で撤退した。

隋軍は翌年にも第二次遠征軍を送ったが、重臣の楊玄感《ようげんかん》による反乱が発生したため一部の隋軍しか高句麗に到着せず、士気の高い高句麗軍に撃退されてしまった。楊玄感の反乱は三カ月で鎮圧されたが、この事件は煬帝に大きな打撃を与え、反乱を全国的に拡大するという結果をもたらした。

煬帝は二回の失敗に懲《こ》りず、さらに翌年（六一四年）、第三回目の遠征を強行した。だが、三回目のときはさすがの高句麗側も降伏を乞うてきたので、目的を達せずに軍を引き返した。

ところが『東突厥《とっくつ》』は、これを隋軍が負けて撤退するものと見て、それまでの「隋」との和議を破り、反旗を翻《ひるがえ》して北辺境に侵入してきた。『東突厥』とは、五八五年に東西分裂した『突厥』の片われだが、隋が成立した当時、『突厥』との間には和議が結ばれていたのである。煬帝はすぐさま大軍を率いて決戦を挑んだが逆に包囲され、部下の李世民《りせいみん》（後の唐の太宗《たいそう》）に危機を救われる有様で、危険を感じた煬帝は、六一六年に長安を去って南の江都（揚州《ようしゅう》）に向かった。

しかし、煬玄感の反乱発生以来、反乱は全国に及び、その数は二〇〇件を超えるまでになった。これらの群雄のうちの一人が太原にいた李淵《りえん》（五六五～六三五年）で、彼は息子の李世民《りせいみん》と共に六一七年晋陽《しんよう》で兵を挙げ、いち早く長安に入城してここを根拠にした。煬帝は六一八年、その妃や子どもとともに護衛の兵士によって殺害され、「隋」はわずか三〇年で滅亡した。

余談ではあるが、日本では、ちょうどこのころから、畳や床の上での「正座」が始まった。この正座は、もともと中国で始まり「唐」の初期までは一般に行なわれていたが、その後、度重なる胡人（異民族）の侵入によって、胡人が使用していた椅子とテーブルが中国に持ち込まれ、しだいに正座を止めて椅子、テーブル、ベッド等を使用するようになった。そして唐の末期には家の中に土間ができ、宋時代には正座の習慣は中国から完全になくなってしまった。片や日本では、畳が床一面に敷き詰められるようになった室町時代の十五世紀末に、正座が完全に定着した。

隋の建国から二五年経った紀元六〇六年の中国の人口は、四六〇一万人とかつての漢帝国の人口に迫るほどに回復した。これは文帝、煬帝親子二代にわたる大運河建設によって、特に福建《ふっけん》や広東地方との物資交流が盛んとなり、煬帝の豪奢な生活は各地に宮殿建設ブームを起こしたため、農民も商人も、そして職人たちもが経済的に潤った結果と言えよう。

ところが六一八年に、李淵親子が「唐」を建国するまでの一〇年と、建国後の一〇年間というものは各地で戦乱が絶えず、飢饉も連続するような状態にあった。

それゆえ、「唐」の二代皇帝となった李世民《りせいみん》（太宗）の時代にようやく戦乱がおさまったとき、紀元六二六年の中国の人口は、一六五〇万人と、二〇年前の三分の一に激減していたのである。

この人口激減は、唐軍が隋軍を各地で殺戮したのと、隋軍の立て籠《こ》もっていた城市を奪取した際に、城内に逃げ込んでいた一般住民を虐殺した数字の合計である。結局、隋帝国の滅亡、唐の統一前後の二〇年間で三〇〇〇万人近くが殺戮されてしまった計算になる。

(二)「唐《とう》」帝国――漢民族国家として歴代最大帝国

理想的君主・太宗《たいそう》は、いかにして帝位を簒奪《さんだつ》したか

「唐」は建国が六一八年、滅亡が九〇七年であるから、二八九年間続いたことになる。この統一に最大の功績があったのは、高祖《こうそ》・李淵《りえん》の次子である李世民《りせいみん》であった。

李世民は、その名声を妬んで彼を排除しようとした長兄や弟を陰謀をもって倒し、六二七年には太宗《たいそう》として即位した。それから二二年間在位したが、彼は後代の人々から理想的君主としてその英傑さを称えられ、その治世は彼の治めた元号である貞観《じょうがん》を取って「貞観の治」と言われ、その後の皇帝の模範となった。太宗と臣下との問答を記した『貞観《じょうがん》政要《せいよう》』は、日本でも戦国時代の英雄たちや江戸時代藩主の間で読まれ、幕府政治や領内の政治に生かそうとされたほどである。

もっとも父を退位させて幽閉し、兄弟を殺して帝位を奪ったうえ、弟の妃を自分のものとしてしまった李世民にして見れば、なんとしても聖王としてふるまう必要があり、彼を取り巻く家臣たちも実際以上に二代皇帝の英邁ぶりを宣伝し、記録に留める必要があっ

た。非人道的行為によって帝位に就いた李世民にしてみれば、自らが模範的君主としての姿勢を見せなければ、国家は崩壊する危険があったのである。

太宗は中国皇帝の模範と言われたが、その模範の意味は、国内では政治的統一をし、諸制度を定めて文物を興し、対外的には夷狄《いてき》を撃ち、懲らしめて領土を広め、国威を示したことである。

まず外交では、『東突厥』で内紛が起こったのを契機にこれを攻め、『東突厥』を滅ぼした。代わってトルコ系遊牧民の『回鶻《ウイグル》』が全蒙古《もうこ》を支配するようになった。六四〇年には、西域の中継貿易基地として栄えていた『高昌《トウルファン》』国が、西域交通路を妨げるのを見て、これを滅ぼした。さらに六四五年には宿敵『高句麗』へ四〇万の軍勢を引き連れて遠征し、三年間に及ぶ戦いを繰り広げた。だがこの遠征は今回も成功しなかった。ついで六五七年には西域に遠征し、宿願の『西突厥』を滅ぼした。さらに青海《せいかい》、新疆《しんきょう》、甘粛《かんしゅく》方面に居住して、しばしば唐に侵入を繰り返していた『吐谷渾《とよくこん》』やチベット系の『党項《タングート》』を下し、また、ラサを中心とするチベット族の『吐蕃《とばん》』を破り、これと婚姻関係を結んで西方からの脅威を取り除いた。

中国風への改名を強制した『新羅《しらぎ》』の武烈《ぶれつ》大王

唐帝・二代目の太宗は、『高句麗』への遠征が祟《たた》って、六四九年に五一歳で亡くなった。第三代高宗は六六三年、『新羅』の要請に基づいて朝鮮半島へ兵を出し、まず『百済』を滅ぼした。唐軍は、この時日本から到着した百済への援軍（水軍）を、新羅とともに白村《はくそん》江《こう》の戦いで破った。そして最後の強敵であった高句麗を、六六八年に新羅との連合で滅ぼし、ようやく唐に敵対する異民族を平定しおえた。

ちなみに白村江で日本水軍が敗れたのは、白村江周辺の海の干満の差が一〇メートル以上もあることを知らず、泥土に嵌《は》まったところを唐軍の弓矢で射られたからである。

朝鮮半島を「唐」の力を借りて統一した『新羅』の武烈《ぶれつ》大王は、「唐」の文物を朝鮮に採り入れることに努めた。第一に、姓名を中国風に二文字ないし三文字に統一した。それまでは四〜五文字前後が圧倒的に多かったにもかかわらず、人民に変更を強制したのである。

第二に、官僚を作るために中国から「科挙」の制度を採用した。ただし中国では科挙の試験は誰でも受験できたのに対し、朝鮮では庶民には受験資格がなく、もっぱら文官貴族と武官貴族の両者だけに受験資格が与えられた。しかも科挙の試験には必ず、中国の正史

「唐《とう》」時代（618年〜907年）

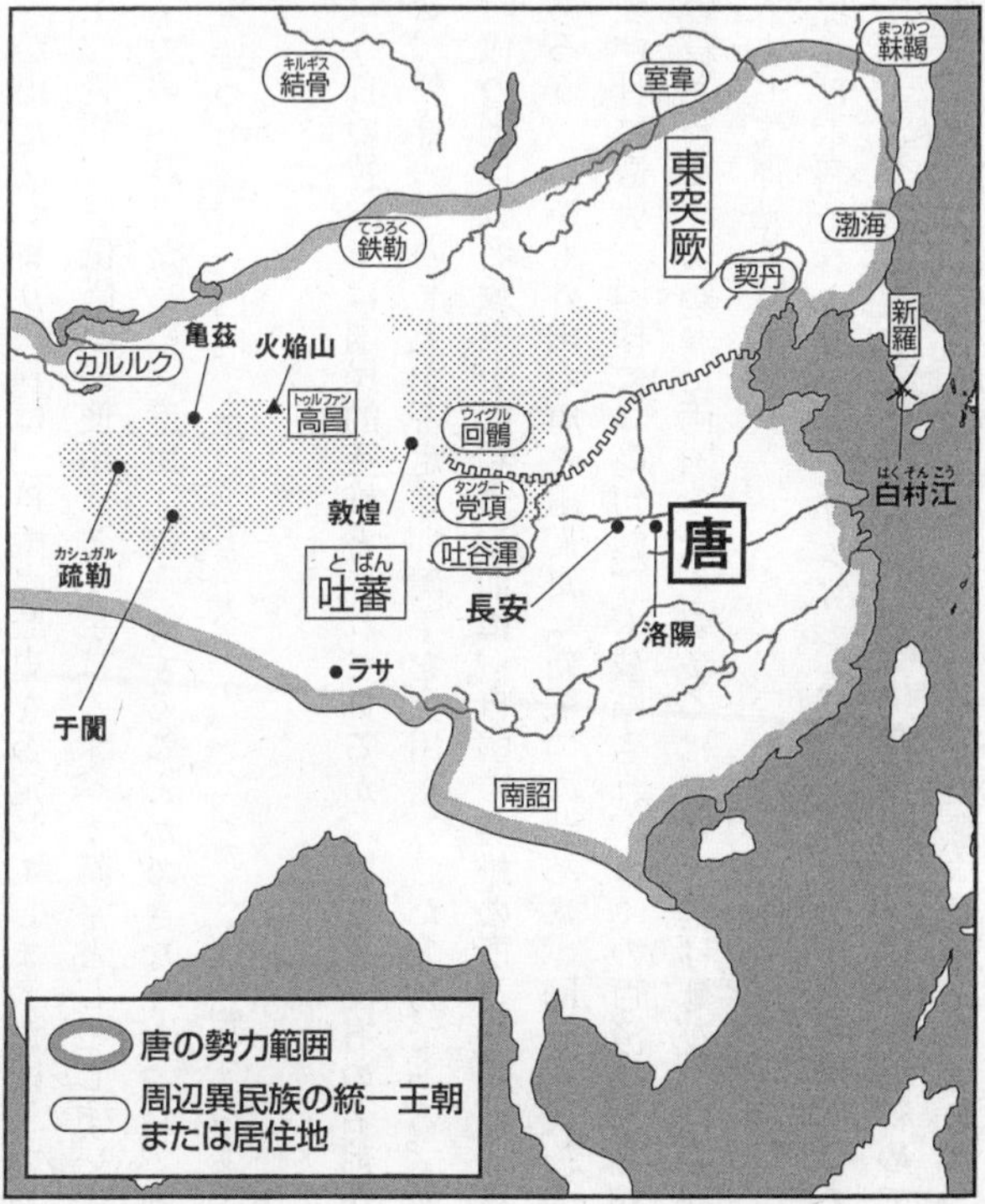
結骨《キルギス》
室韋
靺鞨《まっかつ》
東突厥
鉄勒《てつろく》
渤海
契丹
新羅
亀茲
火焔山
カルルク
高昌《トゥルファン》
回鶻《ウイグル》
白村江《はくそんこう》
党項《タングート》
敦煌
吐谷渾
唐
疏勒《カシュガル》
吐蕃《とばん》
長安
洛陽
ラサ
于闐
南詔
唐の勢力範囲
周辺異民族の統一王朝
または居住地

である『史記』が出た。つまり武烈は、自国の歴史を否定してしまった国王であった。

第三に、国王、貴族、官僚階級が使用する文字は、すべて漢字としてしまい、布告文などはすべて漢字で書かれたために、庶民には理解することができなくなった。朝鮮の人々が独自の文字を持つのは、一四四六年に世宗《セジョン》大王が、ハングルを制定するまで待たねばならなかった。

武烈大王は、今日の韓国では国民的英雄とされているが、朝鮮人固有の名前を強制的に唐風に改めさせ、朝鮮独自の歴史を否定し、漢字を公用語とした人物である。韓国や北朝鮮政府は日帝時代の創氏改名政策を批判する前に、自国の英雄の所行をもう一度国民に教育する必要があろう。しかも外国の唐と組んだ『新羅』のために、同じ韓民族である『百済』は亡国の憂き目に遭い、同様に『高句麗』も滅ぼされ、多くの百済人と高句麗人は逃げ場を失って虐殺された。助かった両国の人々の多くは日本へ逃げ延びてきたが、日本は彼らを同盟国人として厚遇している。

ところで、現在日本語でツマラナイとかタイシタコトナイという意味で使われている「下らない」という言葉は、実は「百済にない文物はない」という意味が初めで、これが省略されて「百済ない」となり、時代を経るにしたがって意味が変化してしまったという説があるほど、百済は文化が発展していた。
また、飛鳥の地で高松塚《たかまつづか》古墳が発掘され、その内部が鮮やかな彩色をほどこした壁画でおおわれていることが判明した。古墳内部に壁画を描く習慣は、『新羅』や『百済』にはなく、北方の『高句麗』のみにあったことが分かっている。

　高句麗人が日本にやって来るのは、六一八年（推古帝二六年）ごろからであるが、使者が大挙して日本を訪れるのは、百済が唐・新羅連合軍に滅ぼされてから三年経った六六六年（天智帝五年）である。もちろん高句麗への援軍を依頼するためであった。特に六六六年十月に来日した高句麗の正使は乙相奄鄙《おつそうあむす》、副使は玄武若光《げんむにゃっこう》と達相遁《だちそうどん》の三人であったが、三人とも高句麗の王族であり、このうち玄武若光はその後日本に帰化し、朝廷から従五位下、王姓を賜っている（『続日本紀』）。

　司馬遼太郎氏は、彼らは王族であったから、日本への使者に立った時も数百人規模の従者を連れていたであろうし、その中には絵師もいたであろう、と推測している。つまり高松塚古墳の極彩色壁画は、玄武若光自身の墓か、少なくとも間接的に関わりがありそうであると指摘している。

高句麗の後裔・『渤海《ぼっかい》』と、日本との通交

ともあれ「唐」はそれまでの中国歴史上、最大の領域を保有する大帝国となった。すなわち、東は朝鮮半島付近からシベリアを横断してバルハシ湖、アラル海から、アムダリア川を渡ってホラズムまで治めた。そして西南方面は現在のウズベキスタン、トルクメニスタンを経てパミール高原にいたり、カラコルム山脈からヒマラヤ山脈の北麓に沿ってビルマのパトカイ山脈に出、現在のミャンマーの一部とラオスの全部を治めた上で、ヴェトナムのユエ付近までを領有した。

唐は、こうして一挙に増えた属地経略のために、全国に「都護府《とごふ》」をおいて異民族の統治にあたった。この「唐」の版図は、新種の漢民族出身の皇帝が領有したものとしては最初にして最後となる巨大領域であった。

ところで、六六八年に滅ぼされた高句麗の人々は、現在のロシア沿海州を中心とする地方に居住していたが、六九八年に高句麗の再興を目指して『震国《しんこく》』を建国し、七一三年には『渤海《ぼっかい》』と改称した。唐の玄宗《げんそう》皇帝（六八五～七六二年）は、渤海国王を渤海郡王に封じ、「羈縻《きび》政策」（46ページ参照）によって懐柔した。

この『渤海』国は、七二七年に日本へ使節を送って、友好関係の保持に努めたが、その

目的は『渤海』の南隣にあり、朝鮮半島を統一した『新羅』を牽制することにあった。しかし、後には当初の政治的目的はうすれ、もっぱら貿易による利益を目的とするようになった。

『渤海』は、九二六年に『遼《りょう》』によって滅ぼされるまで、三四回にわたって使節を日本に送り、日本からも一三回にわたって使節が派遣された。とくに遣唐使を廃止してからは日本にとって唯一の通交国使であったから朝廷もこれを優遇していた。『渤海』は自国の領域で捕れた毛皮類を日本に朝貢の形で持参し、見返りとして着物や陶器など生活必需品を持ち帰った。つまり、渤海は日本を兄として接し、自分を弟として遇されることによって、エビで鯛を釣っていたわけである。

『西遊記《さいゆうき》』に描かれた妖怪たちの正体

ところで、近代以前における東アジアの国際関係は、中国を中心とし中国対各国という放射状の関係でのみ成立していた。しかもこれは中国を支配者、周辺国は被支配者としてであった。すなわち冊封《さくほう》体制である。

すでに「周」王朝時代、中華を世界の中心と考えた漢民族は、周辺の異民族を次々と征服し、王朝の版図内に取り込みつつ、その領土を拡大してきたが、獲得領土内すべてに漢民族を移住させることは不可能であった。当時の漢民族にすれば、夷狄《いてき》は野蛮で恐ろしい上に、その居住地は化け物や妖怪変化の出る所と信じられていたから、中国正州を出て移住などするはずはなかった。

そこで為政者としては、中華帝国の皇帝に従うならば、夷狄の地は夷狄をもって治めさせる方が得策としたのが「羈縻《きび》政策」であった。この政策は古くから中国各王朝が採用していたが、特に完璧に近い体制にまで仕上げたのは「唐」であり、以降の中国歴代王朝もこの方式に準拠するようになった。

余談になるが、『西遊記《さいゆうき》』は、唐代に三蔵《さんぞう》法師（六〇二～六六四年）が一八年の歳月をかけてインドへ仏典を取りに行く物語であるが、宋代に『大唐三蔵取経詩話《だいとうさんぞうしゆきようしいわ》』のような語り物として成立していたものを、明《みん》代の呉承恩《ごしようおん》が小説化したものである。

内容は七二般の変化術を会得した孫悟空が、猪八戒《ちよはつかい》、沙悟浄《さごじよう》とともに三蔵法師を守ってインドに赴く途中、際会した数々の法難を撃退克服し、無事目的地に到着、その功によって全員が成仏するという物語である。蛮戎夷狄《ばんじゆういてき》の地を通過する際には、必ず妖怪たちが三蔵一行を襲ってくるが、それらの地に必ず妖怪が住むことになっているという設定は、中国人の偏見が大いに影響していると言えよう。

さらに『西遊記』の中に火焔山《かえんざん》という山があって金角大王、銀角大王が住み、山は全山火焔で包まれているという話が登場する。物語では、孫悟空が芭蕉扇《ばしょうせん》でこの山の炎を消すことになっているが、実はこの火焔山は、トゥルファン盆地に実在している。

紀元前九九年に前漢帝国の武帝が匈奴《きょうど》を追って、この地方の高昌壁《カラホジョ》に屯田兵を置いて植民を盛んに行なったことは前述したが、その後シルクロードの要地として、大いに発展を見た。その名ごりが現在も遺跡として残っている高昌城《こうしょう》である。この城壁は日干し煉瓦で高さ一一メートルに積み上げられ、周囲六キロにわたってめぐらされているが、玄奘《げんじょう》（三蔵法師）一行が長期間滞在したことで知られており、火焔山はすぐ近くにある。この山の肌は赤く、浸蝕の跡が縦に並んでいるので、気象条件の変化で陽炎《かげろう》が立つと、あたかも焔がゆらゆらと燃え立っているように見える、と言われる。

『西遊記』は、こうした実在の地理名や夷狄名を織り込みつつ、妖怪変化との戦いを描いたところに特色があるが、漢民族である作者や読者の側からは痛快であっても、化け物として描かれた夷狄（現代中国における少数民族）の側からすれば、さぞかし不愉快であろう。

漢民族の冊封《さくほう》体制と日本人

さて、冊封体制の構造はというと、まず第一に、漢民族の住む中国本土を「正州」とすることが大前提である。

第二に、皇帝が支配下に治めた土地で、漢民族中央政府から派遣された都護府の監督下に、それぞれの民族の自治を認めた地域が「羈縻《きび》州」である。そして唐の場合には正州以外の地域を六つに分け、それぞれに「都護府」を設置した。

第三には、一応独立した国として存在し、その国の君主が中国王朝に朝貢をし、その支配の下に友好関係を築くことを希望している場合に、皇帝は中国の官爵を授け、君臣関係を結び、これを「冊封国」あるいは「外藩国《がいはんこく》」と呼んだ。朝鮮半島の『新羅』や『渤海』などはこの範疇に入るが、君臣関係であるから、冊封国の要請があれば中国王朝は政治問題に介入したり、援軍を送って助けることもある。

第四に中国王朝に使者を派遣するとともに、朝貢だけを求めるものを「朝貢国」と呼んでいる。中国皇帝に頭さえ下げればたくさんの褒美を与えるぞと言われて、ただ同様にくれるならば頭など何度下げてもよいと考えた各地の首長は、昔から現代にいたるまでたくさんいた。この朝貢国の例としては、一時期の『日本』や『林邑《チャンパ》』、そして雲南地方に建てられた『南詔《なんしょう》』などがある。

第五に、朝貢国のような友好関係のない蛮国で、中国皇帝の威光に服さないばかりか、皇帝の軍でも勝つことかなわず、かといって無視することのできない国に対しては、その君主に皇帝の子女を降嫁《こうか》させ、姻戚関係を結んで友好関係を維持しようとする政策をとり、それらを「対敵国」と呼んだ。たとえば、突厥や吐蕃などがあてはまる。

第六に対等の関係で使節を交換するもので、これを「対等国」と呼んだが、唐時代には『大食《タージ》』と呼んだイスラム帝国がこれに該当した。

第七に「絶域」と呼んで、一切、国家間交渉がなく、中国皇帝の恩恵の届かない地域である。無論、ヨーロッパ諸国のことを指していたことは言うまでもない。

さて、以上のような中国皇帝を中心とした冊封体制は、唯一日本だけを除いて、二十世紀まで東アジアの国際関係を律してきた。日本は遣隋使や遣唐使を中国に派遣したが、これは文字や体制あるいは技術の修得にあり、貿易上の利益や軍事援助を求めたものではなかった。この点は明治維新期の日本が西欧文明の制度や技術を学ぶために、留学生を多く派遣したのとよく似ている。しかも平安時代の中期には、すでに唐から学ぶものは何もないとして、遣唐使を撤廃してしまった（八九四年）。この点こそが、中華文化圏にどっぷりと浸っていた朝鮮王朝や、東南アジア諸国王朝と異なる点なのである。中国周辺の冊封国や朝貢国は、中国に参勤するとたくさんの土産と官爵を授けられたが、日本からの留学僧たちは砂金を払って文献を購入したし、官爵などは日本の天皇が授けたから、中国とはあくまでも対等国として交流を図っていた。

つまり遣唐使を廃止した時点で、日本は中国とはまったく異なる独自の文化圏を作りはじめ、鎌倉時代以降の政治、軍事、教育、文化などの発展度合いやその体制は、およそ中華文化圏内の諸国とは似ても似つかないもので、むしろヨーロッパ諸国に近いものになっていった。武士道と騎士道の相似から、紋章の共有、科学技術の発展度合い等々、日本はヨーロッパ文明に極めて近いものを多く持ち、時にはヨーロッパ文明を凌駕《りょうが》するものさえあった。

実は日本は「絶域」にいたのである。中国人をはじめとするアジア諸国の人々が、日本人の文化、歴史認識と合致しないのは実はこの点にある。すなわち、アジア人たちが、日本はアジアに位置するモンゴル系黄色人種の国であり、しかも長い間中国の冊封体制の中にいた東夷で、漢字文化圏の国家であったはずだという認識が、日本という国を見誤る最大の原因である。

小中華・韓国が対日認識で思い違いをしていた理由

　中国の歴史からは若干逸《そ》れるが、中華文明の影響を強く受けた隣国・韓民族について少し触れておきたい。朝鮮半島では、朱蒙《しゅもう》によって『高句麗』が建国されたが（紀元前三七年）、四世紀初めには、北鮮から東満州にまたがる大国となった。次に西暦三四六年『百済』が、三五六年には『新羅』が、そして三六九年には『加羅（任那）』が建国された。その後、六七六年に新羅が朝鮮半島を統一し、さらに『高麗』、『李氏朝鮮』と続くが、いずれの王朝も中国を本家とし、自らは分家の意識で中国に接した。

　特に一三九二年に建国した『李氏朝鮮』は、ほどなく儒教を国教にし、儒教の根幹ともいうべき「礼」を以て国内体制も国際体制も律するようになった。儒教における「礼」とは形式と秩序を重んじるために、李氏朝鮮では身分制や階級を厳しく順守し、そのために服装や儀礼、血族の順序などを病的なまでに厳格に守った。

　自らを文明国家である小中華と位置づけた朝鮮は、中華であるためには周辺地域に夷《えびす》や戎《じゅう》を求めた。ところが都合のよいことに、隣りには日本人の住む対馬《つしま》があり、その東方には日本があった。つまり隣りにあった対馬の領主は朝鮮の臣下となるはずであり、日本は朝鮮から見れば夷でなければならなかった。

それゆえ、李氏朝鮮は秀吉（一五三六〜九八年）の侵攻に対して「倭乱」と呼んだが、この「乱」は王が臣下から謀反《むほん》を起こされた場合の呼称である。勝手に臣下にされた日本側はいい面《つら》の皮だが、儒教体制にない日本人は、まさか自分たちが夷呼ばわりされたり、臣下とされているなどとは露知らず、その上、実質的被害は何もなかったから、日本人は何とも思っていなかった。

ところが、朝鮮の人々にして見れば統一新羅の武烈大王以来、一二〇〇年間も続いた中華文明体制で生活をしていたから、一八六八年に日本が明治維新によって開国をしても、そして朝鮮や中国よりもはるかに素早く近代化を達成しても、依然として日本は朝鮮や中国の臣下であり、倭夷《わい》であり、中国は依然として主人であるという認識を持ち続けることになった。

日本ではそうした中国的意識は何もないから、レストランに行けば平気で「中華ソバ」や「冷やし中華」を注文し、六〇〇円前後の値段で美味しく食べてしまうが、中華文明を絶対的に崇《あが》めている民族には、考えられないことであろう。

結局、漢民族の生み出した儒教体制や中華思想、そして冊封体制は、漢文明と直接大地で接する夷狄民族に対してはうまく機能したが、東方の島国国家である日本は、まったく別個の文明を築いていたために、適用不可能であった。このことの認識の差異が、その後の日本にとっても中国にとっても、そして朝鮮半島諸国にとっても不幸な歴史を持つことの根本要因になってしまった。

唐を滅ぼした、辺境異民族政策の過《あやま》ち

唐は領土が大いに拡大した二代・太宗の時代、西域経略のために「都護府」を設置したことは、すでに述べたとおりである。都護府の目的は羈縻《きび》政策に基づく服属地域諸民族の統轄経営の他に、慰撫、警戒、討伐などを主任務としていた。

唐代に最初に設置されたのは六四〇年の「安西都護府《あんせいとごふ》」で、初めタリム盆地の西州で、後に亀茲《クチャ》に移った。その支配範囲はタクラマカン盆地砂漠だけでなく、西トルキスタンにまで及んだが、七八七年には『吐蕃』に奪われてしまった。以下、「安北都護府」、「単于《ぜんう》都護府」、「安東都護府」、「安南都護府」、「北庭都護府」を次々と設置したが、安南都護府を除いては、すべて万里の長城に沿って設けられていた。

玄宗皇帝の代になると、都護府制度に代わって、志願制の「節度使」が属地に一〇ほど置かれた。節度使すなわち「藩鎮《はんちん》」は、皇帝の命令をもって差し遣わされた司令官の意味で、いくつかの軍鎮《ぐんちん》を管轄する指揮官であるが、同時に観察や財政の権限も兼ねたので、軍政、民政、財政の三権を掌握した。

その上、志願制になったので、藩鎮では自ら多数の兵士を募集したが、これらの志願兵は雇主である節度使と密接な主従関係を結んだため、「軍閥」が形成されるようになった。たとえば河北三鎮（盧龍、天雄、成徳）のように数代にわたって節度使を世襲したり、税賦を中央へ送ることを拒否するなど、唐の中央政府から半ば独立した軍閥となるものが増大するようになった。

藩鎮の兵数は一万から五万人、多い場合は一〇万人を超えるものもあり、八世紀末における藩鎮の数は五〇を超えた。七五五年から九年間続いたソグド人出身の安禄山《あんろくざん》（?〜七五七年）の乱は、彼が三つの節度使を兼ねて強大な権力を握っていたために起こった。安禄山は一八万人の兵力をもって洛陽や長安も陥落させ、玄宗《げんそう》皇帝は四川省に逃れて、位を粛宗《しゅくそう》に譲るしかなかった。

唐ではこの乱に懲《こ》りて、辺境だけでなく中国正州内にも藩鎮を置いたが、かえって反唐的な軍閥が割拠するようになり、中には独立国のような振る舞いをする者も現われてきた。結局は、唐は自らの軍閥によって滅亡したが、次の時代の五代十国《ごだいじっこく》もみな藩鎮の建てた国であった。藩鎮が廃絶されるのは「宋」の時代（九六〇年建国）になってからである。もともと漢民族の土地でない広大な地域を支配するために、各地に軍事基地を設置したことが唐を崩壊に追いやったと言える。

現中国政府も辺境地の異民族を押さえるために、こうした無理をしているが、歴史の教訓を学び取るというのは、なかなかむずかしいようである。

首都・長安を占領したチベット民族の誇り

ここで、チベットの情勢に目を向けてみよう。チベットでは、一三歳で『吐蕃《とばん》』の王位についたソンツェンガムポ（?～六四九年）は、西方諸国を平定し、次いで『蘇毗《そひ》』を傘下に治めてから、『白蘭《はくらん》』と『党項《タングート》』そして『多弥《たや》』を討ち、六四一年にはチベット高原の諸族をすべて征服して、チベットに統一王朝を作り上げた。

そしてこの年、ソンツェンは唐に遣使して、親善と公主《こうしゅ》（皇族の女子）の降嫁《こうか》を求めた。唐はこの要求を入れ、文成公主《ぶんせいこうしゅ》を降嫁させ両国の親善を図った。

さらにソンツェンはネパールからブルークティー公主ももらい、中国とインド双方の文化を受容して、チベット民族を文化的に向上させた。そして六六三年、『吐谷渾《とよくこん》』を滅ぼして青海地方を傘下に治め、トルキスタン進出を始めた。すなわち、ツァイダム盆地から崑崙《こんろん》山脈の北麓とタクラマカン砂漠の間の天山《てんざん》南道に沿って軍勢を送り、『于闐《ホータン》』までその支配下に治めた。

当時、唐は亀茲《クチャ》に安西都護府を置いて西域を支配管理していたから、唐と吐蕃はこの方面で全面的衝突状態に入った。そして六七〇年には亀茲が吐蕃によって攻め落とされたため、唐としてはしばらく安西四鎮《あんせいしちん》を廃せざるを得なくなった。

唐にとって安西都護府の失陥《しっかん》は、西域経営の破綻を意味したから、大軍を青海《せいかい》地方に送り込み、六七九年にようやく安西四鎮を回復することができた。さすがの吐蕃も対外軍事行動を続けたために疲弊し、国内に平和希求の声があがって、六九八年には軍事クーデターが起こり、ハト派が実権を握って対外活動はしばらく収束した。

ハト派政権は、唐との親善を望んで公主の降嫁を求めたため、唐では金城《きんじょう》公主と化粧料として青海東南辺を吐蕃に贈った。ところが、この地はトルキスタン進出の絶好の地でもあったため、吐蕃は好機到来とばかりに出兵し、唐の出先の軍と三回にわたって激烈な戦闘を繰り返した。さらに吐蕃は雲南《うんなん》方面にも進出して唐軍と対峙し、トルキスタンへの出口であるギルギットでも両軍は睨み合ったが、軍勢の量で勝る唐軍のためにいずれも封じ込められた。

七五一年、唐は西域諸国への交通路確保のためにさらにその西方へ遠征軍を送ったが、ここで西から進出してきたイスラム・アッバース朝の大軍とタラス河を挟んで激突した。この会戦で唐は敗退したが、七五五年からは安禄山の乱が始まったため、唐は河西、安西および隴右《ろうう》方面の軍隊をすべて東方に集めた。それゆえ、唐の西北辺境地帯には大きな軍事的空白地帯ができ、吐蕃はようやく軍事行動を再開して青海地方からトルキスタンへ、そして西域諸国の奪取に乗り出した。

吐蕃軍は唐軍と戦闘を交えつつ、七六三年には国都・長安を陥落させ、一四日間占領をしたのち撤退したが、漢民族最大帝国の首都を陥落、占領したのは吐蕃が初めてであり、このことは現代のチベット民族の誇りともなって生き続けている。

その後、強勢を誇る吐蕃に対して唐は同盟を結び「唐蕃会盟《とうばんかいめい》」を行なったが長続きせず、唐はやがて『回鶻《ウイグル》』と『南詔《なんしょう》』を味方につけて包囲する作戦に出、これに成功した。吐蕃ではその後、病弱な王や愚王が続き、国内も分裂したため、八四六年、さしもの吐蕃も自滅してしまい、唐はようやく旧領を回復することができた。

五章

〔宋《そう》・元《げん》 九〇七年～一三六八年〕

地に堕《お》ちた中華の威光

――ついにモンゴル大帝国の一地方となった中国

(一)「宋《そう》」帝国——史上最弱の統一国家

塩の密売業者に滅ぼされた唐《とう》

唐の末期は、宮廷内では宦官《かんがん》が横暴をふるい、辺境では節度使が割拠し、国内では相次ぐ戦争で重税に喘《あえ》ぐ農民が反乱を起こすという状態であった。宮中における楽人や踊り子は二万人を超え、宮女はさらにその二倍もおり、官僚の数も膨大で、その俸給だけでも大変な出費となった。

また仏教寺院が増大したことによってその勢力は増大し、寺院が蓄積した富は巨額に上ったため、ついに政府は仏教に対して大弾圧を加えた。そして八四五年には詔令《しょうれい》によって四六〇〇の寺院を取り壊し、二六万人以上の仏僧が強制的に還俗《げんぞく》させられた。

仏教を信仰のよりどころとしていた大衆は、当然政府に対する精神的、政治的不満を強く抱き、ほんの少しのきっかけで反政府活動を起こす火種となりつつあった。そのきっかけが塩の専売制度の問題であった。政府が財政難を乗り切るために塩を専売制にしたことから、塩の密売者である黄巣《こうそう》らが、数万と言われる兵を挙げた。

「黄巣の乱」は八七五年から八八四年まで一〇年間にわたり、ほとんど中国全土を戦乱に巻き込み、唐帝国に決定的打撃を与えることになった。黄巣らは藩鎮《はんちん》の軍と一〇年間にわたって中国全土で争いを続けた。黄巣の死後（八八四年）、彼の部下だった朱全忠《しゅぜんちゅう》（八五二～九一二年）は唐に帰順して反乱鎮圧に功を立てたが、九〇七年、今度は唐に反旗を翻し、唐を滅ぼして「後梁《こうりょう》」を建国し、太祖となった。

ここに「唐」は二〇代二九〇年間でついに滅亡し、これより五代十国《ごだいじっこく》の時代が始まった。九〇七年に唐が滅んでから、「宋」が中国を統一する九六〇年までの五四年間に、洛陽を中心に「後梁」、「後唐《こうとう》」、「後晋《こうしん》」、「後漢《こうかん》」、「後周《こうしゅう》」の五つの王朝が、次々に勃興と衰亡を繰り返した。

この時代を五代《ごだい》と呼ぶが、これら五王朝の支配は、黄河流域とその周辺に限定され、江南地方にはまったく支配力は及ばなかった。

一方、江南地方では多くの藩鎮が建てた政権が存立した。「呉《ご》」「南唐《なんとう》」「呉越《ごえつ》」「閩《びん》」「荊南《けいなん》」「楚《そ》」「南漢《なんかん》」「北漢《ほくかん》」「前蜀《ぜんしょく》」および「後蜀《こうしょく》」で、これらを総称して五代・十国という。これら諸王朝の創始者は、ほとんどが盗賊や無頼の徒か異民族出身者で占められていた。もっとも異民族の側からみれば、これまで漢民族に差別され虐げられてきた民族としての目覚めであり、ナショナリズムの爆発であったとも言える。

唐の歴史を振り返る時、その最盛期は、実は安禄山の乱が起きた紀元七五五年であった。というのはこの当時の人口は約九六二万戸、五二九二万人で、唐時代を通して最大の人口を誇っていたからである。しかし、さすがの唐も、安禄山の乱や吐蕃《とばん》との争いで人口を一七〇〇万人と大幅に減少させてしまい、その後、唐が滅びるまで大きく回復することはなかった。

しかし、経済そのものは隋代に開設した大運河やシルクロードの交通が栄え、そして南の海からはイスラム商人などがやって来て盛んに貿易を行なったので、大いに発展をみた。特に広州《こうしゅう》、泉州《せんしゅう》、揚州《ようしゅう》など江南地方が栄えて唐の財政を支えた。

五代十国時代も末期となり、華北地方では強大な軍閥が弱小の軍閥を吸収合併し、最後に「後周」の時代になった。五代諸君主のうちでは傑物といわれた後周の世宗《せいそう》は、外交内治に優れた事績を治めたが、北方の異民族『遼《りょう》』に向けての遠征の途上、病死してしまった。その後に即位したのは七歳の恭帝《きょう》だったので、それを知った『遼』は「北漢」と連合して攻めてきた。そこで「後周」王室護衛軍の長官である趙匡胤《ちょうきょういん》（九二七〜九七六年）が、これを迎撃するべく大軍を擁して都の大梁《たいりょう》を出発した。

「五代十国《ごだいじっこく》」時代（907年～960年）

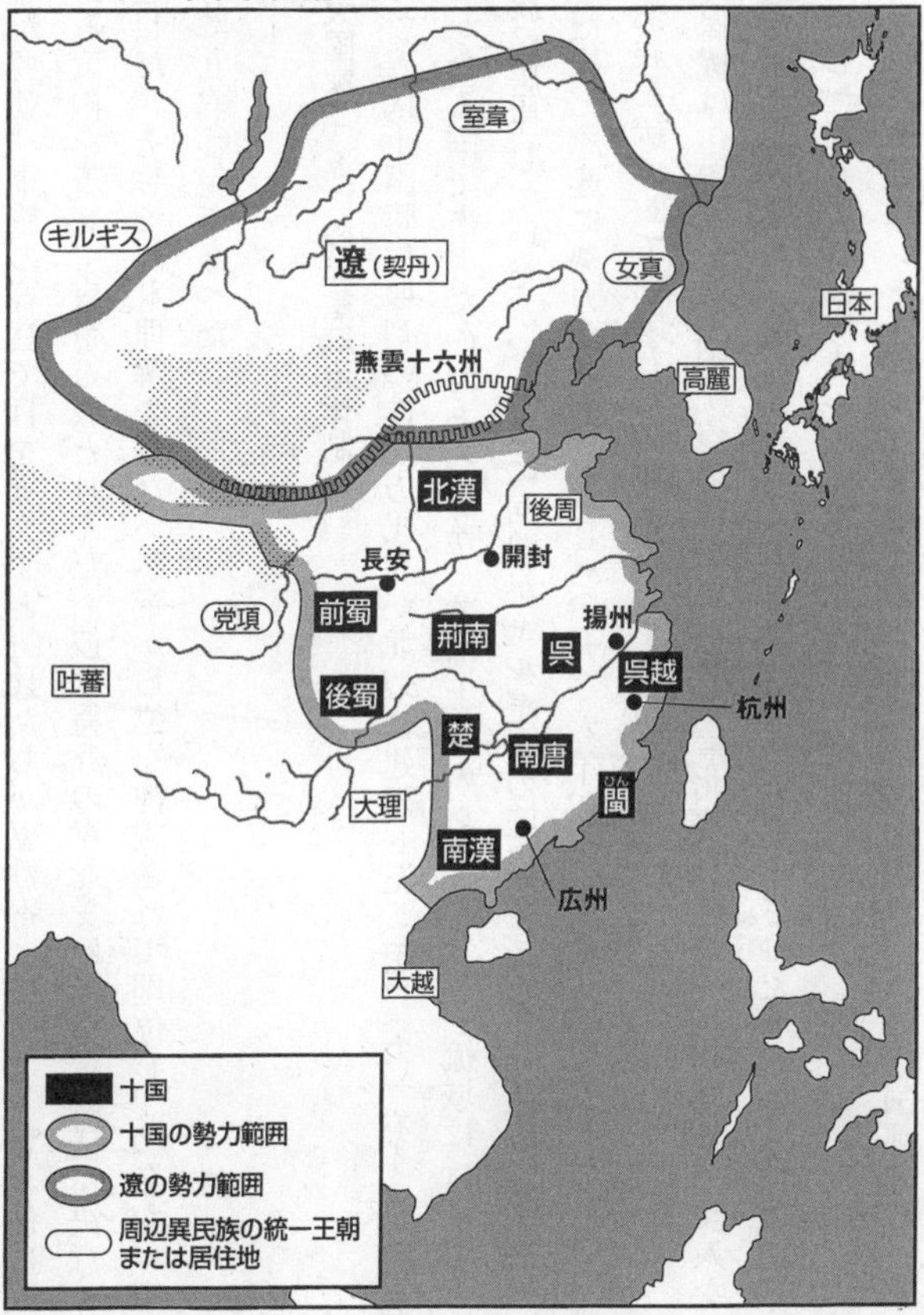

趙匡胤が翌朝、軍旅の幕営で目を覚ますと将兵たちが駆け寄って来て、驚く彼に天子の衣服である黄袍《こうほう》を着せて皇帝万歳と叫んだ。彼は将兵の意を受けて皇帝就任を決意し、都へ引き返した。そして何も理解できない恭帝から位を禅譲されて即位し、国名を「宋」とした。時に九六〇年であった。

北方の強大国家『遼《りょう》』の二重統治体制

ところで五代十国時代の初めに北方民族が北辺に建国した『遼』（九一六～一一二五年）とは、いかなる国であったのであろうか。遼河《りょうが》上流のシラ＝ムレン流域には、もともと『契丹《きったん》』族が居住していたが、唐末に回鶻《ウイグル》がキルギスの圧迫を受けて分散し、中央アジアへ移動した後、急速に勢力を拡大しはじめ、九一六年、首長の耶律阿保機《やりつあぼき》（八七二～九二六年）が部族を統一して建国したのが『遼』である。

耶律阿保機は、『遼』を建国する以前から、唐の華北地方をしばしば侵し、漢人を捕虜として自国領土内に移し、農耕を営ませたり城郭建築に従事させたり、あるいは漢人を士大夫に登用したりして行政機構を整えていった。

遼を建国してからはシラ＝ムレン流域に一大城郭都市を築き、ここを国都として蒙古諸部族や東トルキスタンを配下に治め、九二六年には東隣の『渤海《ぼっかい》』を滅ぼした。次の太宗は中国経略に乗り出し、「後晋」の建国を助けるかわりに『遼』に隣接する燕雲《えんうん》一六州を割譲させた。

ここで興味深いのは、『遼』が華北へ侵攻する時の案内者は、常に『遼』内に移住した漢人であったことである。

一般に遊牧や狩猟を生業《なりわい》とする民族は、定住して農耕を営むことが不得手であったから、必要な場合には農耕民族の集落を襲い、住民をまるごと自領に拿捕《だほ》してくることがしばしばあった。『遼』の場合にも同様で、漢人たちは捕虜として万里の長城を越えて『遼』に連れて来られ優遇はされたが、やはり漢民族にとっての故郷は万里の長城以南であったから、故郷に帰れる手段であれば、たとえ夷狄《いてき》の手足となって売国奴となろうとも、中国正州に戻ろうとしたのである。

中国正州こそが漢民族の住まうべき故郷という意識は、四〇〇〇年間にわたって培《つちか》われた漢民族の深層心理であり、同時に周辺異民族たちも漢民族の故郷感情というものを充分理解しており、『遼』では巧みに彼らの心理を利用した。

ともあれ契丹人の耶律阿保機は、満州地方から外蒙古地方一帯を領有する巨大な草原国家を築き上げていた。

耶律阿保機は、中国文明の高度さを認めて利用はしたが、すべてを模倣すれば過去の北方民族が漢化して軟弱となり、その結果滅亡したのと同じ運命を歩むと考え、漢民族より優位にある武力を保持するためには、遊牧生活を遺棄してはならないと考えた。そして、契丹人、および支配下にあって契丹に同化できる異民族は、できるだけ漢化することのないようにし、そのために彼は二重国家体制を生み出した。つまり官制を南北二面に分け、南面官は漢式制度と漢法によって漢人を治め、北面官は北方固有の慣習や部族制を維持させて遊牧民族の支配を行なったのである。

一方、遼の援助を受けて建国した「後晋」は、はじめのうちは金帛《きんぱく》や歳幣《さいへい》を遼に送っていたが、しだいに約束を守らなくなったので、『遼』の太宗は兵を率いて「後晋」を滅ぼし、中原《ちゅうげん》に遼を立てて漢民族を支配しようとした。しかし、異民族王朝の成立に対しては漢民族の抵抗が激しく、地方軍閥はゲリラ戦を展開して遼を悩ませたので、太宗は野望を捨てて撤兵した。

突然、壱岐《いき》・対馬《つしま》を襲撃した『刀伊《とい》』

このころ、ロシア沿海州、黒龍江《こくりゅうこう》下流域、松花江《しょうかこう》、牡丹江《ぼたんこう》などで台頭してきた民族に『女真《じょしん》』がいた。女真は『渤海』国の時代にはその支配下にあったが、渤海が遼によって滅ぼされると、女真族は多くの部族に分散して、遼の支配下に置かれた。女真支族の『黒《こく》水靺鞨《すいまつかつ》』は、遼の時代には朝鮮との国境にある豆満江《とまんこう》や咸鏡《かんきょう》南北道に移住して、『生女《きじょ》直《ちょく》』と呼ばれた。

余談であるが、生女直の支流である『刀伊《とい》』は、一〇一九年に五十数隻の船に乗って突如、対馬《つしま》、壱岐《いき》、北九州を襲った。女真族は元来は狩猟民族であったが、中国文化に接して半農化した。が、この民族は耕作を厭《いと》い、漢人や朝鮮人をさらってきて農作業をさせていた。つまり刀伊の目的は人さらいにあったわけで、対馬など襲撃を受けた地方では、殺害された者三六五人、連れ去られた者一二八九人、牛馬三八〇頭が被害に遭った。

現在の北朝鮮が女真族の後裔であることを理解すれば、今日でも日本人拉致《らち》事件がたびたび発生する理由がわかるであろう。自民族のないものでどうしても欲しいものは、手段を選ばず人であっても拉致してしまうという体質が残っているのである。

司馬遼太郎氏によれば、古朝鮮語では野蛮人のことを「トイ」と言ったり、女真人のことを蔑称してオランケ（バケモノ）と呼んでいたと言う。

一方で十世紀ごろから遼寧省《りょうねい》や吉林省西南部にいた女真は『熟女直《じゅくじょちょく》』と呼ばれた。これらの女真族が政治的統一を果たすのは、十二世紀の初頭で、完顔阿骨打《かんがんあぐだ》（一〇六八～一一二三年）の出現まで待たなければならなかった。

宋の軍事力が飛び抜けて弱かった理由

宋の皇帝・趙匡胤が建国してから採った政策は、徹底した文治主義と君主独裁型の官僚育成であった。文治主義とは、軍人から行政権を取り上げ、軍閥の跳梁《ちょうりょう》を抑えて行政を文官に任せることである。君主独裁型の官僚育成とは、官僚に必要以上の権限を与えず、これを分散化し、権限の大部分が皇帝に集中するようにしたことである。また、科挙の試験も最終的には皇帝自ら試験（殿試《でんし》）を行なって、官僚に忠誠心を植え付けることなどを制度化していった。

趙匡胤は中国を統一したとはいえ、国内にはまだ六つの国が残っていたため、在位一六年間というものは、それらの国家の平定に費やされた。

次の太宗《たいそう》の時代、九七九年にようやく「北漢」を滅ぼして中国を統一することができた

「宋《そう》(北宋)」時代(960年〜1127年)

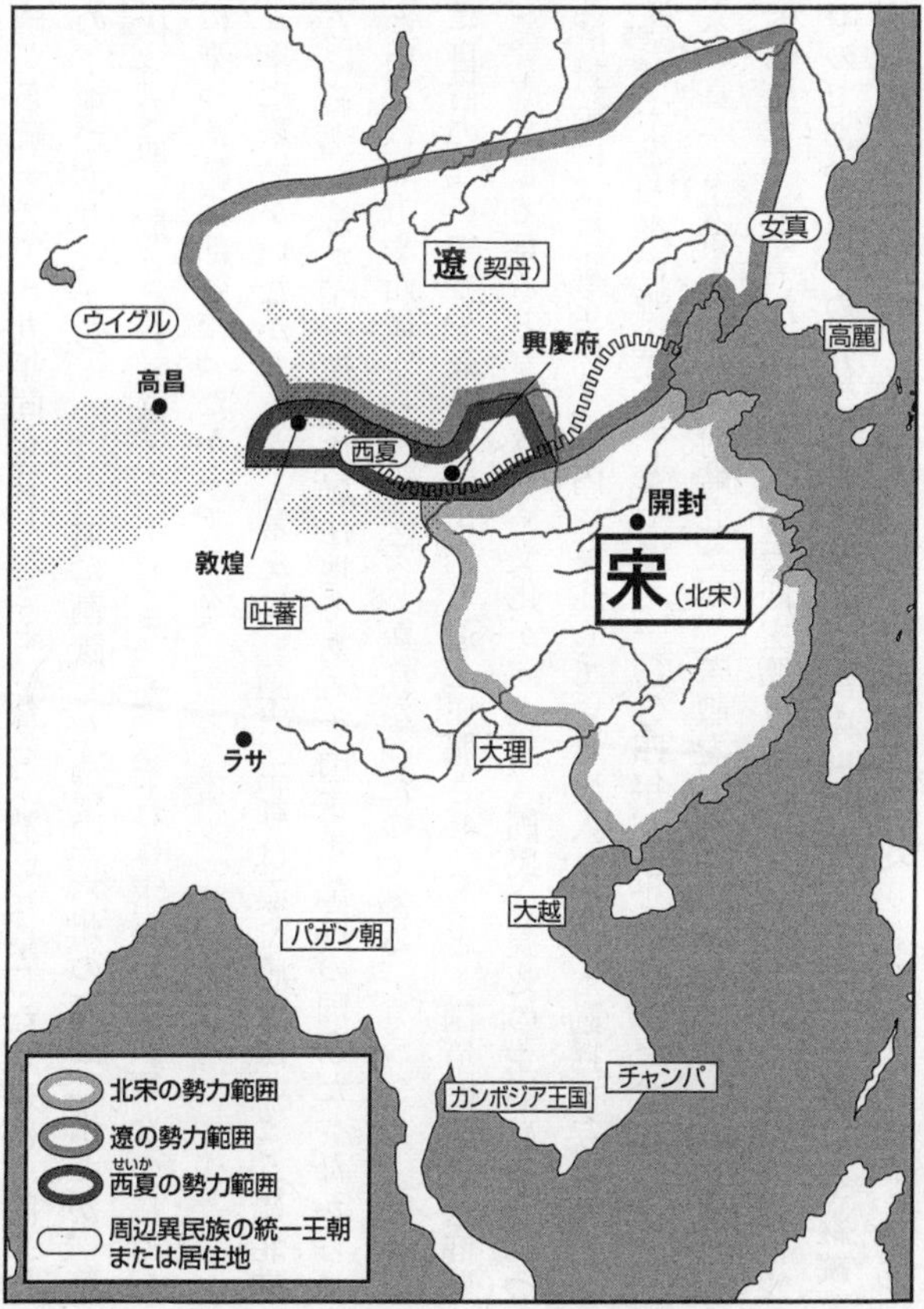

から、建国から統一まで一九年間を要したことになる。勢いに乗じた太宗は、同じ年、本来漢民族の土地でありながら、かつて遼に割譲した燕雲一六州の奪回に出たが、遼の名将・耶律休哥《やりつきゆうか》の前に散々に打ち破られてしまった。それは宋軍が歩兵軍なのに対し、遼軍は軍馬に乗った騎兵部隊だったからである。

なぜ、宋軍に軍馬がいなかったかと言えば、「宋」王朝は漢や唐帝国のように北方地帯や西域地方に領土を持たず、漢民族居住地である中国正州だけの国家だったからで、当時、軍馬といえば北方や西域から補給するしかなかったのである。

軍事力に自信のない宋は、経済力によって遼を屈服させようと、国境閉鎖と通商断絶の措置に出た。遼にして見ると、ようやく文化が向上し、国民は漢式の生活に移りつつあったから、経済封鎖には打撃を被り、遼内に移住している漢人たちにも動揺を与えた。このため、遼の聖宗《せいそう》は宋と一挙に雌雄を決しようと、一〇〇四年、大軍をもって宋の国境に迫った。

一方、宋の真宗《しんそう》も大軍を率いて対峙したが、苦戦をした宋は和議に応じた。その内容は宋は遼に対し毎年、銀一〇万両、絹二〇万匹を贈り、国境には貿易場を設けて通商を行なうというものであった。この和約は、その後一二〇年間、遼が滅亡する直前まで継続した。

宋王朝が建国してから八〇年ほど経った一〇三八年、チベット系のタングート族長の李《り》元昊《げんこう》（一〇〇三～四八年）がオルドスから西域地方にかけて『大夏《たいか》』を建国した。中国人はこれを『西夏《せいか》』と呼んでいるので、本稿でも『西夏』と呼ぶことにする。

李元昊は国力を充実して『吐蕃』や『ウイグル（回鶻）』を撃破し、勢いに乗って宋の西北部に侵攻して来た。対遼戦で国力を消耗していた宋は、新たな西夏の攻撃によって苦戦し、一〇四四年には和議を結んだ。

この和議の条件は、まず「宋」を君、『西夏』を臣とすること。双方は、宋の皇帝に対しては「父大宋皇帝」と呼び、西夏の皇帝に対しては「息子たる皇帝」と呼ぶこと。宋は西夏に銀七万二〇〇〇両、絹一五万三〇〇〇匹、茶三万斤を贈る、また国境に貿易場を設けることなどというものであった。

「宋」では、太祖の時代の軍縮政策によって、長い間禁軍は一九万人であったが、度重なる夷狄との戦争に、第四代・仁宗《じんそう》の時代には、一挙に四倍以上となる八二万人に増やした。

しかも軍隊の雑役や輸送を担当する相軍《しょうぐん》も八〇万人に増やしたから、軍事費は全国家支出の八〇％にも達するようになり、国民は重税に喘《あえ》ぐことになった。何度政治・財政改革を行なっても成功しなかった宋も、一〇六九年に王安石《おうあんせき》（一〇二一～八六年）を採用することによって、ようやく富国強兵政策をレールに乗せることができた。

王安石は富国策として、青苗法《せいびょう》、均輸法《きんゆ》、市易法《しえき》、募役法《ぼえき》を制定し、強兵策として保甲法《ほこう》、保馬法《ほば》を作るなど、いわゆる「新法」と呼ばれる一連の改革を行ない、いずれもかなりの成果を挙げることができた。

これによって宋は対外的積極策を採り、西夏から南疆《なんきょう》を奪い、さらにその南部につらなるチベット系民族『西蕃』を討伐して招降させ、西域への交通路を確保した。

しかし、王安石の新法も国内有力階級の経済的利益を損なうものが多かったため、徽宗《きそう》の時代になると新法は覆された。また宰相・蔡京《さいけい》は念願の燕雲一六州を獲得しようと、遼の隣りに勃興してきた女真族の国『金』と手を結び、『遼』を挟撃した。これによって『遼』は一一二五年に滅びたが、遼王室の一族であった耶律大石《やりつたいせき》（一〇八七～一一四三年）は中央アジアに逃れ、ウイグル人の援助のもとに『西遼国（カラ＝キタイ）』を建国した。この国名キタイ（Cathey）が西方に伝わって中国をキャセイとも言うようになったことは有名である。いまでもロシア語では中国のことは、そのままキタイ（китай）という。

一方、『遼』打倒の代償として『金』に提示した宋の条件は、戦後の財政逼迫《ひっぱく》のために履行出来ず、違約に怒った金は翌一一二六年、開封《かいほう》を陥落させて宋を滅ぼし、黄河と揚子江の中間付近まで領土を広げた。金軍は宋の王族を多数捕らえて帰国したが、たまたま捕縛から逃れた徽宗の子・康王《こうおう》は江南に落ち延びて「南宋」を建国した。

尊王攘夷《そんのうじょうい》思想は、宋のコンプレックスの裏返し

宋時代の周辺民族の動静を見ると、まず日本は、平安時代も後半で、一〇一六年には藤《ふじ》原道長《わらのみちなが》が摂政に就任していた。そして『遼』が、『金』と宋の連合軍によって滅亡した一一二六年は、奥州の藤原氏が中尊寺《ちゆうそんじ》を建立した年でもあった。

次に『新羅《しらぎ》』は九世紀頃になると、中央貴族と地方豪族の争いが熾烈化し、戦国的な群雄割拠の時代になった。九一八年に王建《おうけん》（八七七〜九四三年）という高句麗系の英雄が出て、ライバルを倒し、『高麗《こうらい》』王朝を建国し、九三五年には新羅王から禅譲を受け、半島を統一した。

『高麗』は九六三年に「宋」に服属したが、やがて九九四年には『遼』に服属し、一一二六年には女真族の『金』に服属した。

南方に目を移すと、九三七年にタイ系の段氏《だんし》が『大理《だいり》』を建国したが、宋代末期には現在の雲南省を中心として、貴州省と四川省の一部を領有する大国となった。余談ながら、後に大理が元に滅ぼされた時、大理王国の王族は流転の末に日本に上陸して帰化した。現在も段姓を名乗り、日本人として横浜方面に永住している。

ところで、宋時代には、遼、西夏、金といった北方民族が華北に入って、宋を圧迫したが、この宋という王朝は歴代の漢民族帝国の中でも、もっとも惨めでみっともない姿を夷《い》狄《てき》に晒《さら》すことになった。朱子を中心とする宋の学者たちは強力な夷狄に対する劣等感の裏返しとして、蛮夷排斥に重点を置く尊王攘夷思想を生み、鬱憤を晴らそうとした。

満州人・女真《じょしん》族の華北支配

女真人・完顔阿骨打《かんがんあぐだ》は、一一一五年に『金』を建国して『遼』を滅ぼすと、勢いを駆って「宋」も滅ぼし、淮水《わいすい》以北を奪って満州と華北を領土とした。ところが「南宋」が建国されたことを知った『金』は、江南地域を逃げ回る康王《こうおう》（高宗《こうそう》）を追って、各地で南宋軍と戦闘を交えた。しかし南宋軍も必死で抵抗した上に、長期の遠征で食糧不足に陥った金軍は、ついに追撃を諦《あきら》めたため、ようやく南宋の高宗は、杭州《こうしゅう》に都を定めることができた。

女真族あるいは女直族は、もともとは半狩猟、半遊牧民族であったが、遼東半島に七〇〇年間もの間勢力を張った『高句麗《こうくり》』も、また八世紀に建国して満州平野まで支配した『渤海』も、高度な農耕技術を保持しており、女真族は長らく彼らの支配下にあって農業

「宋《そう》（南宋）」時代（1127年～1279年）

技術を見てきた。

したがって、女真族の『金』は農耕を主体とする河南の地には魅力を感じ、その後もしばしば南宋と抗争を繰り返したが、満州より西方や北方については、牧草地としては適するものの、農業には不適の地であったために見向きもせず、羈縻《きび》下にとどめて自治を許し、大草原はそのままに放置しておいた。そしてこのことが、わずか一〇〇年後に、遊牧民族であるモンゴル人のジンギス汗（一一六二〜一二二七年）の出現を誘うことにもなった。

ともあれ、金は南宋と戦ったり和したりしたが、そのうち国内で内紛が起こったので和平論が台頭し、捕虜としてつながれていた宋軍の秦檜《しんかい》（一〇九〇〜一一五五年）を南宋に帰国させた。秦檜は和平を望む南宋・高宗の信任を得て宰相となり、主戦派の将軍である岳飛《がくひ》（一一〇三〜四一年）を獄死させるなどしてこれを抑え、一一四二年『金』と「紹興《しようこう》の和議」を成立させた。

死者に鞭《むち》打つ漢民族の習慣

ところで、現在中国杭州に残る岳飛廟は、もちろん南宋の主戦派で秦檜に殺された岳飛を祭っている廟で、そこには完全武装をした巨大な岳飛の石像が立ち、像の上の額には「還我山河」の四つの文字が記されている。「我らの領土を回復せよ」といったほどの意味であるが、すさまじいのは岳飛の墓前に、秦檜夫妻をはじめとする岳飛殺害の犯人たちが石像の形で座らされ、その首は太い鎖で繫がれていることである。夷狄と屈辱的な和議を結んだ秦檜を売国奴と見做《みな》しての仕打ちであるが、訪れる参拝客は、現在でも皆、秦檜の頭を叩いたり唾を吐きかけたりして鬱憤を晴らしている。

一九三〇年代には参拝客が小便を引っ掛けないよう、地元の警察が一苦労したという話もあるくらいで、八五〇年以上も前の時代の人物に対して、像とはいえ鎖で繫いだり、頭を叩いたりという仕打ちは、日本人にはとうてい理解できない感情である。自民族の誇りを傷つけられたら何年経っても忘れないという精神は、天晴れと言うべきであろうか。

だが、これは漢民族の祖先である黄帝廟《こうてい》の文言と矛盾することになる。黄帝廟の文言によれば、「黄帝は五六民族、一二億人民の共通の祖先である」とのことであるが、もし本当にそうならば、漢民族も女真族も、黄帝を祖とする兄弟ということになる。だとすれば、女真族と漢民族との関係をとりもった八五〇年も前の人物の像を鎖で縛ったり、唾を吐くなどの行為は理解できない。やはり女真族（満族）は、現代においても中国人ではなく夷狄と見做されているのである。

日本では敵であれ悪人であれ、あるいは裏切り行為の卑怯者であれ、相手が死んでしまえば皆仏となり、死んでまで辱《はずかし》めを受けることはない。『史記』に「死屍《しし》に鞭打《むちう》つ」と言う話が載っている。これは春秋時代末期、紀元前五〇〇年前後の話だが、楚《そ》の平王《へいおう》に父と兄を殺された伍子胥《ごししょ》（?〜前四八五年）は、呉《ご》に亡命し楚を討つことを建言した。そして呉軍が楚に攻め入ってその首都を落としたが、すでに平王は亡くなっていた。そこで伍子胥は平王の墓を暴いて死体を引き摺りだし、三〇〇回の鞭打ちを行なった、というものである。漢民族の性格というものが如実に現われている例であるが、こうした死者を辱めるやり方は、その後の漢民族史にしばしば見られる。

「南宋」と『金』との関係に話を戻すと、紹興の和議以来、『金』はしだいに女真人の華化政策を進め、中国式の中央集権国家体制となっていった。一方、「南宋」は江南の開発を大いに進め、手工業の発達などもあって国家財政は豊かになった。

再び繰り返された人口の大激減

ところで宋時代の九七六年における人口は約一八〇〇万人であったが、一一〇一年には四六七三万人を記録した。ところが一一二〇年に浙江地方で重税に反対する反乱が起き、諸国に広がって、多いときには一〇〇万の農民が参加したため、農地は大いに荒れて飢饉を招来した。

この乱は翌一一二一年に鎮圧されたが、南宋の時代になると、マニ教の影響を受けて均《きん》産《さん》思想（貧富の差をなくそうという思想）を持つ「均産教」が湖南に出現（一一三〇年）して一揆を起こし、地主階級を襲うなど五年間にわたって暴れ回った。こうした一揆と戦乱のために、一一六〇年には、人口は一九二三万人へと激減してしまった。二七〇〇万人の人命が失われたのである。

しかしながら江南の地を開発した南宋は、『西夏』や『金』に歳幣を贈り続けていたものの経済は順調に回復を続け、人口も一二二三年には二八三二万人へと回復した。

だが、その間に力をつけたジンギス汗はモンゴル高原を統一するや否や、『西夏』、『金』を滅ぼし、一二五三年には南方の『大理』を滅ぼしたあと、徐々に中国正州を侵しはじめ、一二六四年には燕京《えんきよう》を、一二七六年には臨安《りんあん》を陥れた。「南宋」軍はその後三年間にわたって各地で『元』軍と戦ったが、一二七九年、ついに厓山《がいざん》の戦いで滅亡した。

元軍が中国地方に侵入して以来数十年間にわたる戦乱は、当然田地を荒れさせて飢饉を惹《ひ》き起こし、戦乱による殺戮や虐殺も手伝って、西暦一二六四年時点で中国の人口は一三〇二万人に減じてしまった。つまり南宋から元への交替によって、再び一五〇〇万人が犠牲になったのである。

おぞましき奇習・纏足《てんそく》の始まり

ところで、中国社会では、女性の足を人為的に小さくしてしまう「纏足《てんそく》」という奇習が、一〇〇〇年間にわたって見られるが、これは五代・宋の時代から始まったと言われている。特に華北の漢民族の間に流行し、はじめは芸妓に、やがて上流階級の女性に広まった。これが南宋時代になると広く民衆の間にも普及していった。もっとも女性労働力を必要とした遊牧民族には広まらず、もっぱら女性を家にしばりつけておく中国封建社会の間でもてはやされた奇習であった。

纏足とは、三〜四歳の女児の足の親指を除く四指を足底に折り曲げて布で強くしばり、小さい靴を履かせて成長を妨げる。そして七、八歳になると足の裏を強く曲げて脱臼《だっきゅう》させてしばり、完全に成長を停止させてしまう。この結果、大人になっても足の大きさは、爪先から踵《かかと》まで一〇センチほどしかない上に、接地面が少ないために直立も歩行も不安定で、外出はもちろん労働などもできない。漢民族の男性は、こうして女性を家庭内幽閉するとともに、成長した女性の不安定なヨチヨチ歩行を官能美、女性美として賞翫《しょうがん》し、彼らの嗜好を満足させていた。

明《みん》代になると纏足はさらに普及し、清代では下層階級の間にも広まり、漢民族のみならず満州族の間でも行なわれるようになって最盛期を迎えた。清代末期になると、自らが纏足であった西太后《せいたいこう》が禁止令を出したり、在中国キリスト教ミッション団体が廃止運動を起こしたりしたが、それでもなお各地に残り、中華民国時代にもその遺風は残っていた。一九四九年十月に、中華人民共和国が成立して後、徹底した禁止令が出されて、ようやく根絶したほどである。

宋代の漢民族の間で纏足が流行したのは、宋学（朱子学）による婦女子の貞節奨励と結び付いたものと思われるが、すでに中国大陸との国交を絶っていた日本は、この風習のことを知ってはいたが、導入することはなかった。

共産主義体制の国家を建国した中華人民共和国では、建国から一五年を経て、宦官や纏足こそ一掃できたが、儒教体制の残滓《ざんし》は色濃く残っていたために、一九六六年から文化大革命を行ない、「批林批孔《ひりんひこう》」のスローガンを掲げて、孔子と儒教的体質を徹底的に排除する挙に出た。その文革の歴史的評価はおくとして、それほどに儒教体制というものは中国社会を蝕《むしば》んでいたのである。

(二)「元《げん》」帝国——モンゴル人による空前の大帝国

ジンギス汗を激怒させた『ホラズム王朝』の暴挙

外蒙古《もうこ》はゴビ砂漠、モンゴル高原、ハンカイ山脈そしてアルタイ山脈などを含む広大な地域だが（日本の面積の六倍弱）、十二世紀中頃、この地域には、ゴビ砂漠の湿地帯にトルコ系遊牧民であるオングート部族、大興安嶺《だいこうあんれい》山脈の西麓には遊牧民のタタール部族がいた。またオルコン河、セレンガ河が合流するブルカン山付近には蒙古（モンゴル）部族が拠点をはっていた。

さらにはブルカン山の東北方には半猟半牧のメルキット部族、南西方向には遊牧民のケレイト部族、またバイカル湖から大興安嶺にかけては蒙古系の室韋《しつい》、さらに西方のアルタイ山脈の東麓にはトルコ系のナイマン部族が散在し、いずれの部族もオルコン、セレンガの二川が合流する地方を狙っていた。というのは二川合流地点の周辺地域が最も肥沃で、大きな畜群を飼育する牧草に恵まれていたからである。

ただし、これらの集団は互いに鎬《しのぎ》を削っていたとはいえ、東アジアの大国である『金』

に対しては一様に羈縻下にある従属部族でもあった。彼らは定期的に金に貢納して臣従を誓い、金の宮廷から物資を得ていた。

こうした情勢下に、ブルカン山から出たジンギス汗は、モンゴルを統一し、『金』に対して物資や財貨の略奪の意図を持って侵攻した。女真人たちはこのころ完全に華化していて奢侈《しゃし》に耽《ふけ》っていたから、往年の剛健さを失い、その上支配下の漢民族にさえ反乱を起こされるぐらいだったので、金はモンゴル軍にいいように蹂躙《じゅうりん》された。しかし、ジンギス汗による金攻略もここまでで、むしろ彼の興味は西アジアに向けられた。

というのは、アラル海の東方からトルコ系部族が南下をし、バクダードを包囲してイスラム教主からスルタンの称号を獲得すると、一〇三八年に『セルジュク＝トルコ大帝国』を建国したからである。ところがイスラム教を奉じるトルコ帝国の出現は、ヨーロッパ諸国の地中海貿易に大打撃を与え、やがて十字軍の遠征を惹き起こす要因となった。

しかし、ヨーロッパ諸国にとってインドからの香料や調味料は必要不可欠の物資であったため、それにかわる新たな交通路として、中央アジアのサマルカンドを通過し、アラル海、カスピ海の北方を大迂回して黒海の背後に出るルートが新たに開拓された。

そのため、サマルカンドを中心とする中央アジア一帯の地は、時ならぬ繁栄を示した。

なかでもトルコから一〇七七年に独立した『ホラズム王朝』は、この新ルートを独占的に支配し、莫大な利益を獲得して繁栄を謳歌することになった。

一二一一年、ジンギス汗は『西遼』を滅ぼした後、一二一八年には『ホラズム王朝』に隊商を送って貿易を求めたところ、ホラズム国王は全隊商を殺害して財貨を奪ってしまった。この仕打ちに激怒したジンギス汗は、翌年、全モンゴル部族を率いてホラズム王朝を襲い、財貨を奪っただけでなく、すべてのホラズム住民を殺戮した。ここにホラズム＝シャー国は滅亡した。

ジンギス汗はホラズム王子を追ってインダス河畔に到達したが、別の一隊はコーカサス山脈を越えヴォルガ河に沿ってロシア軍を蹴散らし、略奪をして引き上げた。蒙古軍の侵略ルートは、まさに新しく開かれたインド＝ヨーロッパ道路をそのまま利用したものである。ジンギス汗は、中国文化だけが優れているのではなく、西方にもそれに匹敵する文化文明があり、莫大な富と財宝が集まっていることをよく認識していたのである。

フビライによる欧亜に跨《また》がる大帝国

『金』は、モンゴル軍が西征している間に『西夏』と結んでモンゴルに対抗しようとしたが、西征から帰ったジンギス汗は、まず一二二四年に、『オゴタイ汗国』を建国し、次いで一二二七年、西夏を滅ぼしたあとに『チャガタイ汗国』を建国した。だが、『金』を征討する途中、甘粛省《かんしゆく》の山麓で病死してしまった。

蒙古帝国第二代の皇帝（太宗）となったオゴタイ汗はその遺志を継ぎ、まず『金』を滅ぼして北中国を手に入れ（一二三四年）、その後はモンゴルに兵を返して、甥のバトゥを総帥としてヨーロッパ方面に一大遠征軍を派遣した。バトゥの軍は、ロシア、ポーランド、ハンガリー、南ドイツを略奪し、さらにウィーンに迫ったが、太宗急死の知らせに兵を返し、南ロシアのヴォルガ河畔のサライに留まって『キプチャク汗国』を建国した。

太宗の後を継いだ定宗《ていそう》は早逝したので、次にジンギス汗の末子・トゥルイの長男である憲宗《けんそう》が立った。憲宗はその三弟フラグにバクダードに残るアッバース朝を征討させ、地中海、黒海、カスピ海、アラビア海に囲まれた『イル汗国』を一二五八年に建国させた。

また次弟のフビライ（一二一五～九四年）には『吐蕃』と『大理』の征討に向かわせ、吐蕃は服属し大理は滅びた。こうしてモンゴル部族は、東アジアから西アジアに移ったトルコ部族を追う形で西アジアに侵入し、トルコ部族からその支配権を取り上げて、欧亜に跨《また》がる大帝国を建設してしまった。

「元《げん》」時代（1271年〜1368年）

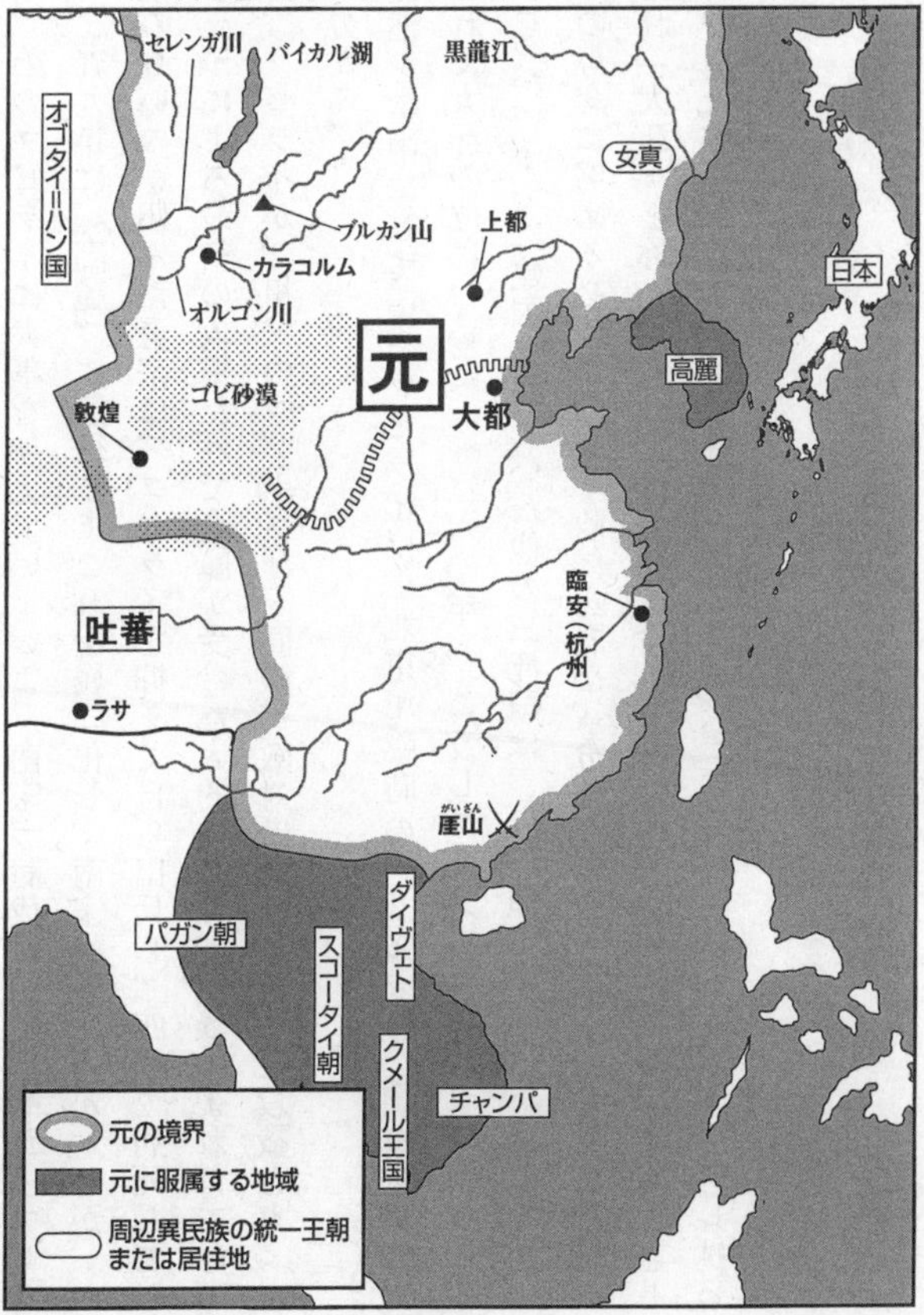

憲宗は、弟のフビライに大軍を与えていよいよ「南宋」討伐に出征させた。フビライはまず、一二五九年に『高麗』に遠征してこれを属国化し、南宋討滅に向かったが、フビライの人望の高いのを妬んだ憲宗は、フビライを抑えて自ら出兵し、四川《しせん》で病死してしまった。フビライによる最初の攻撃だけで高麗が受けた人的被害は、記録によれば二〇万人を超えるが、フビライが、祖父のジンギス汗と同様、敵対者には徹底した殺戮をもって対したことが分かる。

中国北部を掌中にしていたフビライは、北京で臨時のクリルタイ（国家会議）を開催し、推されて大汗の位についた（一二六〇年）。こうして外蒙古全体がフビライの手に入った。ところが、すでに建国されていた他の三汗国は、自国領土の経営が重要であったため、これの専念に努める必要から統一政体を諦め、分離することになった。各汗国の元首はそれぞれ「大汗」と称し、他の大汗の発行する通行証は、自国内においても保証したから旅行の安全は確保され、「パックス・モンゴリア」（モンゴルによる平和）はしばらく続いた。

鎌倉武士の戦意がモンゴル軍団を上回っていた理由

一二七一年、フビライは国号を『元』と改め、都を大都《だいと》（北京）に定めた。フビライは即位してから三年後に、東方にある『黄金の国（ジパング）』を掌中にしようと、日本の政権担当者である鎌倉幕府にたびたび使者を送った。しかし時の執権・北条時宗《ほうじようときむね》（一二五一〜八四年）は蒙古の使者を追い返し、何度目かに来た使者は斬り捨《き》てた。怒ったフビライは一二七四年（文永《ぶんえい》十一年）高麗を基地とし、約九〇〇隻の大小艦船にモンゴル兵と高麗兵、二万六〇〇〇人と水夫などを含める四万人を乗せて、十一月二十日に博多湾岸に上陸した。

日本の武士たちは最初、モンゴル軍団の集団戦法に戸惑ったが、馬がなく騎馬戦法を使うことができないモンゴル軍団を果敢に攻めたため、大陸軍は戦果が挙げられず、日本軍の夜襲を恐れて船上に避難したおりに台風に見舞われて、艦隊を喪失した。後の高麗の記録によると、この台風で侵攻軍の半分に当たる一万三〇〇〇人が海の藻屑《もくず》と消えたと言う。

日本への再侵略を前にフビライは、国内で後顧の憂いをなくそうと、いよいよ「南宋」の攻略にかかった。衰えたりとはいえ、南宋は膨大な人口と財力を有していたため、攻略は困難を極めたが、戦うこと十一年目の一二七九年、「元」の海軍は南支那海・厓山《がいざん》において南宋の艦隊を全滅させ、幼帝を海に沈めた。

「南宋」を滅亡させて中国国内を完全に平定したフビライは、日本への雪辱を期して一二八一年（弘安《こうあん》四年）、再び日本侵略の大兵を興した。前回の失敗に懲《こ》りて今回はまず「征《せい》東行省《とうこうしょう》」を設置し、慎重な計画を立てた上で、高麗と江南の両方の地に渡海のための艦隊建造を命じた。

そして軍団を二つに分け、一つはモンゴル兵、漢兵、高麗兵からなる四万人を九〇〇隻の艦船に乗せ、前回同様に北路を取った。もう一つの江南軍は漢民族将軍の范文虎《はんぶんこ》に指揮させ、一〇万人の漢兵を三五〇〇隻の大小艦船に乗せて、浙江省の舟山諸島を出帆させた。このフビライが興した総勢一六万の大軍による渡海作戦は、世界戦史上、近代にいたるまで最大規模を誇る内容であった。

フビライの大艦隊は平和な生活を送っていた壱岐《いき》や対馬《つしま》や九州北部の島々を侵し、肥前平戸《ひらど》島から博多湾侵入を狙った。そして再び博多湾・志賀島に上陸した侵略軍は、モンゴル兵の得意とする騎馬部隊を先頭に、果敢に突撃を始めた。

しかし各地から集まった鎌倉武士は、これを迎え撃って勇猛果敢に戦った上、日本軍が沿岸に沿って構築した石垣の防塁は、モンゴル兵の得意な大草原での騎馬戦術を発揮させなかった。元軍は、なかなか防塁を突破することができず、逆にサムライの個別戦闘に悩まされ、六月、七月、八月と戦線は膠着状態に陥った。

余談ながら、世界最強と恐れられたモンゴル軍団に対して、日本のサムライ軍団が果敢に立ち向かっていったのは、けっして祖国防衛という純粋な愛国心だけから出たものではなかった。サムライの目的は、手柄を立てることによって、鎌倉幕府からの恩賞に与《あず》かりたいというもので、恩賞とはすなわち領地を意味していた。

このため、二度目の来寇《らいこう》となった弘安の役では、敵の首を一つでも多く獲ろうと、九州のみならず西日本全域から鎌倉武士たちが一族郎党を引き連れて、博多地方になだれ込んで来ていた。サムライにとっては敵の首が領地に見えていたから、胸躍らせて今や遅しと待ち構えていたというのが真相であった。むしろよく来てくれたと、不敵な笑いを作って感謝していたのかもしれない。

スピードとパワー、長距離戦を封じられたモンゴル軍

ところで日本軍とモンゴル軍の戦闘場面はどのようなものだったのであろうか。『ドー

ソン蒙古史』(田中萃一郎訳)によれば、バトゥが欧州遠征の際に、モラヴィア地方(現在のチェコの一地方)の城市を攻撃した時、当時のヨーロッパ人はモンゴル人の攻撃を次のように記述している。

「野蛮人(モンゴル人)は、一斉に無数の矢を射て、あたかも雲の如く城市を覆い、霧の如く城内に雨下《うか》せしめた」と。

蒙古軍が博多湾岸に上陸する際にも、おそらく短弓を使って矢を雨霰《あめあられ》のごとく鎌倉武士に向かって射て来たことは容易に想像できよう。

『蒙古襲来絵詞《もうこしゅうらいえことば》』を見ると、上陸したモンゴル兵たちが徒歩で「肥後《ひご》国住人、竹崎五郎《たけざきごろう》兵衛季長《べえすえなが》」に向かって、矢を射かけている姿が描写されている。

『ドーソン蒙古史』によれば、モンゴル兵の主要武器は短弓であり、野戦における彼らの戦法は、まず軽騎兵が馬を疾駆させながら矢を敵陣に雨霰のごとく降らせると、すかさず重騎兵が槍と半月刀で突進してトドメを刺すというものだったという。もっとも重騎兵とはいえ、騎乗で長距離を疾走しなければならないために、革鎧《かわよろい》を四枚かさねただけのものので、軽武装だった。つまり兜《かぶと》にしても鎧にしても、ごく軽微の打撃にしか耐えられない程度のものだった。

ただし、モンゴル軍団が画期的であったのは、すべての兵が軍馬に乗った部隊であったことで、しかも戦場では密集隊形で突撃をするために、当時までは個別戦闘用に馬を使用していただけの欧州部隊やイスラム部隊、そして漢民族部隊は、なすすべもなく崩れ去った。

一方、攻城戦では、敵の城塞を遠くからこれを包囲し、糧食の尽きるのを待てばよく、業を煮やして城を打って出て来る敵は、短弓の餌食《えじき》となるだけであった。すなわち、モンゴル軍団パワーの秘密は密集隊形の騎馬隊と短弓にあったわけで、現代風に表現すれば、長距離空間を利用した「スピード」と「重圧」であった。

ところが、黄金の国ジパングの地形は、馬で一時間駆けるだけで、海あり山あり、谷あり川あり湖沼ありと、あたかも箱庭のような中に水田や畑があって、平原と言えるものはほとんどないに等しい。上陸したモンゴル軍団にとってはすこぶる勝手の違った戦場と映ったであろう。得意の「長距離空間」がないために「スピード」が発揮できなかったからである。

モンゴル兵を震え上がらせた日本刀の切れ味

その上、陣を敷いた日本のサムライ軍団は、重い鉄の鎧兜に身を固め、やはり重いために両手で握った長刀を振りかぶって接近戦闘を挑んできたから、モンゴル軍団はみなパニックに陥ったに違いない。短弓を射てもユーラシア大陸の戦闘のように盾など持たず、刀や槍をたばさんで猪のごとく突撃をしてきた。

しかもサムライ軍団は重装備の鎧兜であるからモンゴル兵の矢が刺さっても、半月刀で切られても軽微の傷のため、意に介さず、みるみる大陸軍目前に迫るや日本刀で斬《き》り付け、薙《な》ぎ倒した。モンゴル兵が驚いたのは、たとえ軽装備とはいえモンゴル騎兵の鎧兜《よろいかぶと》が、敵の日本刀の一振りで簡単に切られるだけでなく、それこそ西瓜《すいか》やカボチャを切るごとく、モンゴル兵が真二つに断ち斬られてしまう切れ味であった。

余談ながら、この日本刀の切れ味、特に鎌倉時代から江戸時代初期までに造られた刀は優秀で、二十世紀の武器収集家であるジョージ・ストーンは、十六世紀製作の日本刀によって、近代ヨーロッパ製の剣を真二つに切る実験に立ち会い、十五世紀の日本刀によって、機関銃の銃身が真二つに切り裂かれるのを見ている。

また一五六〇年代に来日したイエズス会の神父は、「日本刀は、ヨーロッパ製の剣や鎧兜をあたかも草を切るように真二つに切り裂いてしまう」と報告している。まして十三世紀のモンゴル騎兵や中国軍が被《かぶ》っていた鎧兜では、日本刀の格好の餌食になったであろうことは疑いない。

中国軍の日本侵略が倭寇《わこう》を招いた

日本を襲った元軍は、文永の役にしても弘安の役にしても、中国兵はモンゴル兵から督戦されて、戦闘に加わっていたため戦意に乏しかった。このため、敗退の際に日本軍の捕虜になった元軍のうち、サムライ軍団に多くの矢を射かけたモンゴル兵と高麗兵は、ことごとく処刑されたが、中国兵は殺害されずに奴隷として日本国内で売買されたと、『元史』の日本伝にはある。

このため、南宋からやって来た范文虎《はんぶんこ》を含む提督や将軍たちは旗艦に乗りこみ、ほうほうの態《てい》で逃亡した。無数の連合軍兵士が海の藻屑と消え、浜辺に取り残された兵士たちは、日本軍に包囲され処刑された。北畠親房《きたばたけちかふさ》（一二九三〜一三五四年）による『神皇正統記《じんのうしょうとうき》』では、元寇の時、日本が無事であったのは、天皇や公家たちが神に一生懸命祈ったから神風が起きて撃退できたと記述しているが、事実は鎌倉武士の勇猛果敢な戦いぶりが世界最強のモンゴル軍団を撃退したのである。

二度にわたる大陸軍の来襲は、当時の日本が抱いていた中国大陸のイメージを大きく変えたことは間違いない。フビライ大王はモンゴル人ではあっても、日本を直接襲った元軍の主力部隊は中国人と高麗(朝鮮族)人部隊であったから、当時の日本人は「カラクニ」からの大規模侵略として恐怖におののいた。この事件より以前にも女真族・刀伊《とい》による日本海側への侵攻略奪事件があり、当時、平和に暮らしていた日本人は、大陸に住む人間は危険で怖いというイメージを持ったし、さらにその後の日本人の深層心理に強く残ったことも否定できない。

それゆえ、元寇から三〇〇年後に豊臣秀吉が大明征伐事業を起こしたのは、一つにはカラクニに対する復讐戦の意味もあったであろう。現在の中国や韓国が、秀吉を日本の侵略戦争の元祖のごとく非難するが、日本から言わせれば、モンゴルと中国、そして朝鮮こそが、平和な日本を侵略しようとした元祖なのである。もしも中国人も韓国人も、それはフビライの命令であったから仕方がない、と言うならば、フビライの命令は拒絶すべきであり、さもなければ行軍途中で逃亡すればよかったのである。それが無理だったというのなら、侵略者となった点を率直に反省すべきであろう。

このモンゴル軍を主体とする大陸軍が日本を侵略してから五〇年ほどしてから、九州や四国周辺の海賊が朝鮮半島沿岸を侵しはじめ、明帝国の時代になると貿易を求めて中国沿岸にまで押し寄せるようになった。つまり、中国大陸軍の日本侵略が倭寇《わこう》を生む原因となった。

この倭寇の来襲に頭を痛めた李氏朝鮮の太宗《たいそう》は、一四一九年（応永二十六年）、船二〇〇隻に兵士一万七〇〇〇人を乗せて、倭寇の根拠地と見られた対馬を襲撃した。朝鮮軍はまもなく引き上げたが、日本では「応永《おうえい》の外寇《がいこう》」として長らく語り伝えられた。

余談ながら韓国の慶州《キョンジュ》の山腹に石窟庵《せっくつあん》というのがあり、石仏を祭ってある。韓国の人の話では昔、倭寇が何度も朝鮮沿岸を侵すので、倭寇から護るために日本海を睨《にら》む形で東を向いて祭られているという。しかし、石窟庵が建立されたのは新羅・景徳王の紀元七五一年であり、倭寇は一三〇〇年以降であるから、それは倭寇ではなく、それ以前から沿岸を荒らし回っていた刀伊（またはオランケ）のしわざであった。日本憎しのあまり、災厄の元凶は何でも日本人だとされては、日本としてはたまったものではない。

なぜモンゴル人だけが中国化しなかったのか

『元』の世祖・フビライは、蒙古帝国の大汗であると同時に、元帝国の皇帝でもあったが、アジアの大部に跨《また》がる広大な領域と、そこに居住する多数の民族を同時に支配するのは困難であった。フビライにとって、モンゴル人と色目人《しきもくじん》（おもにイラン系）を合わせても全人口のわずか三％弱の少人数で、九七％以上の漢民族をいかに支配するかは、きわめて重要な問題であった。

そこで彼は、中国の漢民族を統治するに当たって蒙古至上主義をもって臨み、蒙古語を公用語とし、中央や地方の長官はすべて蒙古人を任命し、経理や財産運営といった経済的事務には色目人を任じた。

契丹族や女真族が中国文化は最高と信じて、それに心酔していったのと異なり、モンゴル人の場合は中央アジア、西アジア、ヨーロッパなどの遠征を通して、イスラム教文化、ユダヤ教文化そしてキリスト教文化など、漢文化に勝るとも劣らない優れた文化文明を持った民族のことを知っており、財務関係などは経理感覚に優れた色目人に担当させた。つまり、漢化を避ける手段として色目人を利用し、漢人を重要政策から外すことにしたのである。

フビライ汗は中国社会にはほとんど手を付けず、旧来の統治機構をそのまま継承し、最上級に**モンゴル人**、二番目に**色目人**、三番目に遼や金の支配下にあった河北の中国人を**漢人**（一五％）とし、四番目に南宋の支配下にあった中国人を**南人**（八二％）として差別する分割統治方式を採用した。

フビライの目的は、モンゴル民族と漢民族との統治をそれぞれ分けることによって、かつての北方民族が漢民族に同化・吸収されていった失敗を避けようとしたことにある。さらにチベットからパスパを呼び寄せ、パスパ文字も作らせた。

つまり漢文化を認めず、中国人を統治の最下層に置いたために、モンゴル人は中国化しなかったのである。

また、モンゴル本土内に決して漢民族を移入させなかったのは、モンゴル地方を万一の際の避難地とするために、神聖地域として保全しておいたからである。事実、後年になって「明」が出現すると、モンゴル族はさっさと故郷の地へ帰っていくことができた。この政策は後の「清《しん》」も模倣をし、故郷である満州の地に封禁令を敷いて、漢民族の移住を禁止している。

フビライは、なぜ三度目の日本遠征を諦《あきら》めたのか

フビライは二度の失敗に懲《こ》りず、一二八五年になると第三回目の『黄金の国ジパング』への征服を慎重かつ大胆に企てた。まず中国の東岸、渤海湾岸、そして朝鮮半島で艦船の建造を急ピッチで進めるとともに、商船の徴用も行なって輸送部隊に組み入れた。

次いで一二八五年の終わり頃には、揚子江下流域から一〇〇万石の米と他の穀物が高麗へ送られ、その他の補給物資も準備された。参加部隊が任命されるとともに経験豊かな船乗りが集められ、罪人や投降した海賊なども遠征に参加することで減刑処分となる旨発表され、対日侵略作戦が真近に迫っていることを国民に知らせた。

ところが一二八六年初頭、突然のフビライの命令によって、侵略戦争が中止された。その理由は「日本人は遠い国に住む島夷に過ぎず、人民を新たな遠征で苦しめるのは適当ではない」というものであった。

だがおそらくは、あの冷静な大戦略家、かつ戦術家であるフビライのことであるから、騎馬によった集団戦法を得意とする軍団が、船で海洋を渡って『黄金の国』に押し寄せることの無理を悟ったはずである。さらに重要なことは、彼が考えていた以上に日本の武士集団がヨーロッパやイスラムの軍勢はもとより、世界最強と自負するモンゴル兵よりもは

るかに強く、これ以上のモンゴル兵士を戦死させると、大中国の統治に大いなる支障を来すと冷静に分析したためにちがいない。

フビライは『黄金の国・ジパング』の征服を諦め、一転して南方に目を向け、ビルマ地方の『パガン朝』に対して入貢を促した。

またフビライはその晩年にいたって、南洋諸島にも征服の意欲を見せ、遠くジャワへの遠征を始めた。

ちょうどジャワでは『シンゴサリ王朝』が強大となって、スマトラ島からマレー半島を狙う姿勢を示していた。ところが、この王朝内で権力闘争が起こり、クーデターによって国王が倒れ、国内は大混乱に陥っていたその時期に元が侵入してきた。国王の婿であるラーデン・ヴィジャヤは、元軍を利用して一気に政権を覆《くつがえ》し、ジャワ島を平定してしまい、その上で今度は元軍を襲撃して国外に駆逐した。

ヴィジャヤは一二九三年にヒンドゥー教の『マジャパヒト王国』を建国したが、その領土はほぼ今日のインドネシア共和国の大部分を占めていた。ヴィジャヤは、国王として即位してからは対外友好政策を進め、元にも使者を派遣し朝貢を行なった。

モンゴルが確立した画期的な遠距離通信手段

モンゴルは欧亜に跨《また》がる大帝国を建設したが、直轄地や属国は遠く大都を離れた地であり、通信連絡や部隊の移動だけでなく、ヨーロッパ諸国やイスラム諸国からの旅行者たちに対する安全の確保が必要であった。では、いかにして情報伝達や部隊の機動力を発揮させていたのであろうか。

実は、ジンギス汗時代から採り入れていた遠距離通信連絡方法があった。それは、「站《ジャ》赤《ムチ》」と呼ばれる駅伝制度で、各町の一〇〇戸を駅にあて、必要な物資と馬を昼夜を問わず負担提供させるシステムで、これを利用するには皇帝からの許可証が必要であった。站赤とは蒙古語で「路をつかさどる者」とか「路を利用する者」の意味で、駅伝のことである。このジャムチはオゴタイ汗の時によく整備されたが、フビライ汗が中国を統一してからは、中国全土にジャムチを完備した。

旅行者は皇帝や大汗の発行する通行特許状（パイザ）、つまり現代のパスポートを所持していれば無事に東西間の旅行ができたのである。それゆえ、マルコ・ポーロ（商人、一二五四～一三二四年）やイブン・バットゥータ（旅行家、一三〇四～七七年）、モンテ・コルヴィノ（修道士、一二四七～一三二七年）などが元帝国に来朝し、東西間の交通が開かれたが、まさにパックス・モンゴリア（モンゴルによる平和）のお陰でもあった。

ジンギス汗時代の制度を巧みに改良し、情報や国際色豊かな人材活用など、欧亜に跨がる巨大帝国運用のためのシステムを考え出したのはフビライであったから、彼がいかに優れた能力を持った統治者であったかが理解できよう。

ただしジャムチ制度は、緊急事態発生の際の連絡方法であったにもかかわらず、濫用されたため、負担が最もかかる民衆レベルで嫌がられるようになり、しだいに衰微していった。

中国歴代王朝の歴史を振り返っても、帝国の創設者はすなわち法の制定者である例が多く、子孫たちはその偉大な創設者の法をほとんど改変できずに受け継いでいる（例外は明）。その意味では異国の地である中国に君臨しながら、モンゴル至上主義を貫いたフビライの統治法は、偉大な独裁者である彼にしか運用できなかったとも言える。

六章

尊大と頽廃《たいはい》、悩める老大国

（明《みん》・清《しん》　一三六六年～一九一一年）

――大皇帝たちの時代から、欧米列強に蚕食されるまで

(一)「明《みん》」帝国――漢民族国家の復活と没落

漢民族のナショナリズム勃興

「元」が中国を支配してから五〇年以上を経過すると、モンゴル至上主義による過酷な搾《さく》取《しゅ》に対して漢民族の間に不満が高まったのは、当然のことであった。すでに一三三七年頃から中国各地で反モンゴル闘争の農民蜂起が見られた。

にもかかわらず、「元」の最後の皇帝・順帝《じゅんてい》は一三五五年に、豪華な舟遊びのために巨船を建造させていた。その長さは一六〇メートル、幅は六五メートル、船上には五つの宮殿を拵《こしら》えて黄金と五色で彩色し、船首の竜は船が動けば自動的に頭も目も動くという仕掛けを備えていた。

皇帝の奢侈《しゃし》な生活を支えたのは、もちろん大衆からの租税であるが、とりわけ、その経済的基盤をなしたのは中国南部地方である。揚子江以南は「南宋」が滅びた時も戦禍《せんか》を被《こうむ》ることが比較的少なかったためもあって、富力が温存されたうえに、長い平和で南洋諸国との交易も盛んになり、経済力は華北を圧倒するようになった。

ところが農村に対する税は重く都市に軽いため、農村の人口は都市に流入し、失業者たちは塩の密売に従事する者が多かった。密売業者は勢い秘密結社的性格を持つことになり、わずかなキッカケで反乱の母体となりやすい。

はたして一三四八年に浙江《せっこう》省で塩の販売業者である方国珍《ほうこくちん》が反乱を起こし、一三五三年には江蘇《こうそ》省の塩運搬業者の張士誠《ちょうしせい》がそれに続いた。なかでも最も大規模に発展したのが、江北地方に起こった「白蓮教《びゃくれんきょう》」による反乱である。

一三五一年に黄河の大氾濫が起こったため、元政府は三〇万人の労働者を集め、河南省を中心として堤防を築き修治したが、この工事が終わると失業者が大量に発生した。「白蓮教」はこれらの失業者を取り込んだ上で、元打倒のスローガンを掲げて挙兵した。彼らは紅い巾をもって仲間の符丁としたので、「紅巾軍《こうきんぐん》」と呼ばれ、河南から揚子江方面に波及し、特に張士誠が揚子江方面を抑えると、元の首都となっていた大都（北京）は南方からの糧食補給を絶たれ、窮地に陥った。

このため、淮水《わいすい》以南は群雄割拠の状態となったが、とりわけ朱元璋《しゅげんしょう》の力は強く、揚子江流域の穀倉地帯を手に入れると南京を占領し、その勢いを駆って順帝のいる大都に迫った。糧食を絶たれた元軍は、順帝と共に外蒙古にある故郷の地へ逃げ帰るしかなかった。

朱元璋による「明《みん》」の成立（一三六八年）は、いわば漢民族によるナショナリズムの具現ともいえるが、従来の中国歴代王朝がいずれも北から起こって南を制圧する形であったのに対し、「明」は逆に南から中国全土を制圧する王朝となった。

徹底した鎖国政策をしいた洪武帝《こうぶてい》

元が滅びる時に、夷狄《いてき》を卑しむ中華思想と、大義思想との狭間《はざま》で苦慮した漢民族の役人も多かった。また元末から明成立までの二〇年間の混乱は、当然ながら農村を疲弊させ流民を発生させたが、洪武帝《こうぶてい》となった朱元璋は農村の復興に力を入れたため、わずか二〇年あまりで全国の田畑面積は明初の五倍にまで拡大し、全土で人口は急速に回復した。

元時代の西暦一二九〇年の人口は五八八三万人であり、このあと五〇年後には反乱の発生などで大幅な人口減少が起こるが、元が滅び、明が建国されてからわずか一三年後の西暦一三八一年には、五九八七万人へと急速に回復した。

一方、太祖・洪武帝の対外政策は徹底した「鎖国」であった。漢民族国家は、中国正州と言われる漢民族の居住地だけで十分で、正州を越えて夷狄の地まで兵を動かすのは中国の民を疲弊させるだけである、という考えに基づいていたからである。

そのため古来、中国正州と夷狄の地とを明確に分けてきた境界線、すなわち「万里の長城」を徹底的に修復した上、蟻《あり》の這《は》い出る隙間もないほど厳重に警備し、中国皇帝に絶対服従するから財物を恵んで欲しいと希望する朝貢者以外には、けっして門戸を開かないようにした。また朝貢以外の目的で中国沿岸に近づく外国船は、海賊として処分するという鎖国政策が打ち出され、明の民も海に出ることを禁止された。

しかし、太祖の漢民族国家だけによる中国王朝の理想は、早くも三代目の永楽帝《えいらくてい》の代になって破綻し、積極的対外政策となって現われた。

中国史に連綿とつながる奴隷制度の系譜

ところで、明の朱元璋が元を北方へ追いやった時、元時代に漢民族よりも優遇された色目人《しきもくじん》たちはどうなったであろうか。

朱元璋の大都（北京）攻略があまりにも早く、また順帝と貴族たちが一目散に長城を越えて、蒙古平原に消えてしまったために、皇帝の逃亡に気付かず、長城以南に取り残されてしまったモンゴル人や色目人は、一〇〇万以上にのぼった。

このため、元の中枢にいたモンゴル人たちは皆、虐殺されてしまった（中国人の祖である黄帝は、モンゴル族の祖先でもあると黄帝廟に謳っているが、モンゴル人は誰もそのようには思っていない)。

また庶民レベルのモンゴル人や色目人の場合は、特別統治法によって、同じ民族間の通婚が禁じられ、漢民族の夫か妻を持たなくてはならなくなった。法を破ったものは八〇の鞭《むち》打ち刑を受けたすえ、奴隷の身分に落とされた。

余談ではあるが、奴隷の身分に落とされた男女は奴婢《ぬひ》と呼ばれて社会の最下層に落とされたが、中国では「殷」の時代から「清」の末期まで奴隷制度が存在した。奴隷売買が禁止されたのは一九〇九年に公布された「禁革売買人口条例」によってである。

たとえば漢代においては、奴隷一人当たりの価格は一万五〇〇〇銭から二万銭で取引され、富豪はその経済力を奴婢の数をもって計っていた。中には、数千人の奴隷所有を誇る豪族までいた。飢饉や戦乱で流民が多く発生し、食えなくなると、自ら奴婢となる者も多く、奴は主に農耕に従事し、婢は主として機織《はたおり》に従事していた。

また南中国では、四世紀半ば頃から南海の黒人奴隷が数多く輸入され、鬼奴《きど》、僧祇奴《そうぎど》、野人《やじん》、黒小廝《こくしょうし》、蕃奴《ばんど》、烏鬼《うき》などと呼ばれた。特に僧祇奴とは、唐時代に南方から入って来た黒人奴隷を指したが、宋代以降は一括して「崑崙奴《こんろんど》」と呼ばれるようになった。つまり中国は、立派な奴隷制社会を保持していたのである。

現在の中国政府は人権問題に絡めて、しばしば米国社会における奴隷制や黒人差別問題を批判するが、中国自身も四世紀頃から清が崩壊する二十世紀まで、奴隷制を維持し、南方諸国の人々を黒い奴隷として輸入していたのであるから、米国を批判する資格はない。

欲に目が眩《くら》んだ足利義満《あしかがよしみつ》

明は貿易制限のために勘合符《かんごうふ》を用いて朝貢貿易を行なった。勘合符には半印の文書を用い、年次、船数、人員などを制限するとともに、朝貢使の正否をこれで確認したのである。日本では室町幕府の時代であったが、足利義満《あしかがよしみつ》（一三五八〜一四〇八年）は利益に目が眩《くら》んで、一四〇一年に使僧を遣わし、屈辱的な勘合《かんごう》貿易を行なって利益をあげた。

『高麗』では、中国で元が衰え明が勃興してくると、国内では親元派と親明派とに分かれて対立が始まった。明が建国した後も高麗は命脈を保っていたが、一三九二年、親明《みん》派の李成桂《りせいけい》がクーデターを起こして高麗を滅ぼし、新たに『朝鮮』を建国し、「明」の冊封を受け属国となった。

一方、『金』の滅亡によって、女真《じょしん》族は遼東地方から分散を始め、元時代には満州から沿海地方にわたって分裂をしていた。明の時代になると女真族は、再び三つの大集団に纏《まと》まってくるが、その居住地の最北は、アムール河（黒龍江《こくりゅうこう》）が間宮海峡に注ぐ河口から、南は遼東半島一帯から南満州地方にかけてまでだったが、「明」は、これらの女真族を巧みな羈縻《きび》政策で統治し、統一国家の出現を防いでいた。

元の崩壊後、蒙古族は蒙古に復帰したが、元の復活を期して『北元』と称していた。しかし「明」による度々《たびたび》の遠征討伐によって勢力は衰え、明は彼らを韃靼《だったん》と呼ぶようになった。しかも西北蒙古地方に蒙古一族の『オイラート』が出現し、一四五三年にはエセン汗が韃靼部をほぼ全滅状態にまで追い込んで支配した。

蒙古一族で、かつてジンギス汗に降《くだ》っていたオイラートは、元の滅亡後、蒙古部族内で力をつけ、エセン汗の時に韃靼部を征服し、興安嶺を越えて満州に入り、女真族を降して『朝鮮』に降伏を迫った。さらに明に対しても貿易を迫ったが拒絶されたため、一四四九年に大挙して中国正州に侵入し、土木堡《どぼくほ》（河北省）において明軍に大勝し、皇帝の英宗《えいそう》を捕虜とした（「土木《どぼく》の変」）。

この結果、オイラートは明に対して優位に立ったが、一四五四年にエセン汗が部下に殺害されたために急速に勢力が衰え、中国や朝鮮半島征服を諦めて、西方に去っていった。

「明《みん》」時代（1368年〜1644年）

方針一転、永楽帝《えいらく》の外交積極策

明の二代目・恵帝《けいてい》のときの一四〇二年、叔父にあたる燕王《えんおう》が「君側《くんそく》の奸《かん》を除き、難を靖《やす》んず」と称して反乱を起こし、恵帝の就任わずか四年目に帝位を簒奪《さんだつ》し、永楽帝（一三六〇〜一四二四年）として即位した。

永楽帝は北方民族への対策から、都を南京から北京に移したが、同時に「明」の性格も百八十度転換することになった。厳しい鎖国政策をしいて、漢民族だけの国家を守るという太祖の理想を維持するということが、不可能になってきていたからである。

というのも、タタールが交易を求めて、何度も国境地帯を撹乱《かくらん》したので、万里の長城を強化したが、それでも足りず、明の安全を確保するには、内蒙古を平定する必要があった。しかし、内蒙古を平定するには外蒙古を平定する必要があったし、外蒙古を平定するには満州を完全に支配しておく必要があった。その上、冊封体制にある中国周辺の属国や朝貢地域が異民族によって攻略されれば、宗主国である明としては黙っているわけにはいかず、しばしば漠北外蒙古の地まで遠征して反明勢力を撃破しにいくはめとなった。こうした論理で永楽帝は、領土を大きく拡張していった。

明初の北方国境は、山海関から始まる万里の長城で、西方の宣府《せんぷ》、大同《だいどう》、寧夏《ねいか》そして涼《りょう》州《しゅう》付近で南へ下ることになっていたが、永楽帝の時代になると東北方へ大きく張り出し、あるいは西方はアルタイ山脈の麓まで領土として、北からの西蒙古侵攻を抑えた。

また、永楽帝は二五万の軍勢を引きつれて五度にわたって蒙古平原を攻略し、中国歴代帝国皇帝の中で最北の地に達した皇帝でもあった。

一方、満州東北に押し寄せる東蒙古を抑えるために全満州の確保が必要となったため、黒龍江《こくりゅうこう》の下流域まで支配し、朝鮮も服属させた。永楽帝が特に神経を使ったのは満州族（女真）で、黒龍江下流域の満州族の首長にまで官爵を与えて、朝貢貿易を許可した。

鄭和《ていわ》の南海遠征と、華僑《かきょう》の誕生

また永楽帝は南海に対しても画期的な事業を推進した。それが「鄭和《ていわ》の南海遠征」と言われるものである。二メートルを超えるイスラム教徒の宦官・鄭和を、大艦隊の長に命じ、南海遠征に向かわせた。遠征は一四〇五年の第一回を手始めに、約三〇年の間に七回行なわれ、南海諸国を巡航しつつ、明の偉大さと強大さを見せて朝貢を促し、みずからも貿易を行なって巨利を博した。

この艦隊は南シナ海からマレー半島、スマトラ島、ジャワ島、インド沿岸、セイロン島、ペルシャ湾、アラビア半島、アフリカ東海岸などに達したが、一隻に数百名が乗船できるほどの大型艦で、数十隻、総員では二万数千名もの隊員を擁していた。三〇年間の遠征で訪れた国は三〇カ国にのぼり、一時は三十余カ国が明に朝貢し、南方の珍しい品々が中国に入るようになった。中国からは特産の絹織物や陶磁器が大量に輸出された。

もっとも永楽帝が鄭和に南海遠征を命じたのには、別の理由があった。というのも永楽帝が殺害したはずの二代目・恵帝の死体が出てこず、調査をしてみると南方の海外に逃亡していると言う噂が伝えられたため、探索と追討に出たというのが真相であった。

そのような事情を知らない人々は、鄭和の船を「宝船」とか「取宝船」と呼んで歓迎し、中国人に海外渡航の熱を与えた。このため鄭和が遠征するたびに、船員や兵士の中にはそのまま現地に残って生活する者が出たほどである。彼らはただ残るだけでなく、中国から親戚や仲間を呼び寄せて中国人街を作り、華僑社会を築いていった。

今日、世界に散る華僑の人口を合わせれば、五〇〇〇万人とも言われるが、このうち東南アジア地域には八〇%以上が住んでいると言われている。すでに明の末期には、東南アジアの各地に鄭和をまつる廟が建てられて、多くの華僑が参拝に訪れるようになっていた。

世界における華僑の分布図

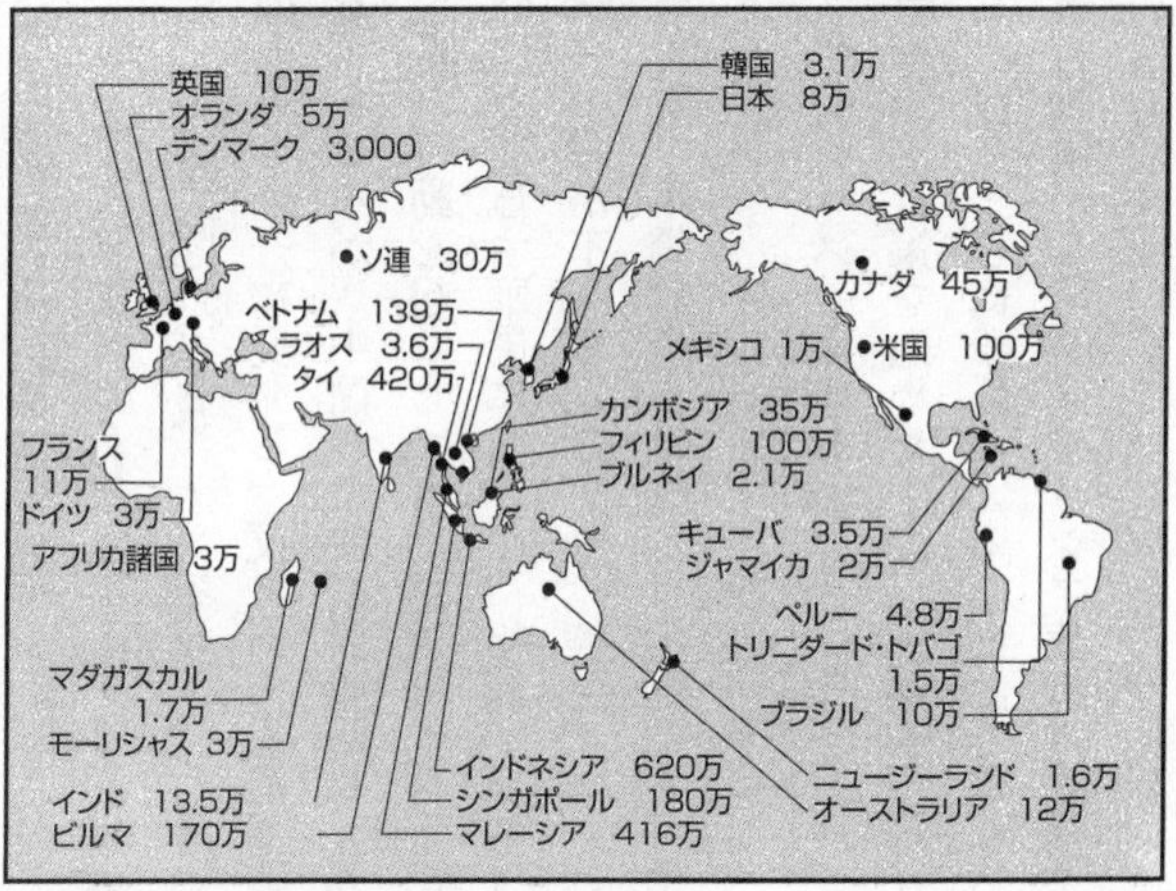

今日、アジア諸国がことあるごとに、中国の肩を持って日本を非難する背景には、ほとんどのアジア諸国に居住する総計三〇〇〇万人もの華僑の存在がある。彼らは東南アジア各国で政治経済の実権を握っているだけでなく、人口比率から言ってもアジア諸国内で、二割から四割を占める勢力となっていることを無視することはできない。

華僑に限らず、祖国を離れて他国の国籍を取って暮らす場合は、祖国を思う心情は望郷の念と相俟《あいま》って大変強くなる。世界中に散らばる中国人街やイタリア人街、日本人街など、移民によって出来上がった街に住む人々の愛国精神は、母国の人以上に強烈である。

対外宣伝機関としての華僑の役割

このことは平成八年から九年に、日本が尖閣《せんかく》諸島の魚釣島《うおつりしま》の領有を明確に宣言したとたんに、中国大陸人、台湾人、香港人は言うに及ばず、シンガポールやマレーシア等々の華僑の人々も一斉に反発し、反日デモを繰り返すなどの事態が生じたことを見れば明らかである。ところが、中国が世界の環境汚染となる核兵器の実験を強行しても、中国が南支那海で軍事行動を起こしても、華僑は一言も中国に抗議を行なっていない。

外国で暮らす華僑にとって、祖国である大陸中国は精神的バックボーンでもあるから、祖国・中国が不利になる言動は控え、有利になる言動は頼まれなくとも積極的に行なうことになる。華僑はその意味では中国にとって有形、無形の対外宣伝機関であり、情報機関である。

ソ連がペレストロイカ（改革）政策によって一挙に国家崩壊してしまったのに対し、同じ改革開放政策を進めた中国が、国家崩壊するどころか、経済発展を続けることができた背景には、まさに華僑による全面的な経済支援があった。けっして中国政府の政権指導部の経済政策が、旧ソ連やロシア政府指導部よりも優れていたためではない。

八〇年代以降、香港や台湾から、あるいは他の華僑が中国大陸内に、大、中、小の投資を行なってきているが、彼らの事業は、日米欧韓国企業とは異なって概《おおむ》ね順調である。ところが、旧ソ連やロシアに対しては、ロシア系企業はおろか華僑も一切の投資をしていないことを見ても、中国がいかに華僑に助けられているかが理解できよう。

余談ながら、台湾に漢民族がやってくるのは、十七世紀中頃に鄭成功《ていせいこう》が清に対抗する拠点にするために渡ってからである。漢民族は中央アジアの遊牧民同様、海や島を恐れること甚《はなは》だしく、よほどの理由がなければ渡海しなかった。その意味では、鄭和の航海は、漢民族にとって唯一の海外渡航チャンスであったわけだが、そこから今日の華僑が出現することになった。

国家を破滅に導いた万暦帝《ばんれきてい》の大愚行

明も中期を過ぎ、さらに土木の変（一四四九年）から五〇年を経た頃、ジンギス汗の末裔であるタタール部のダヤン汗が蒙古に出現して、内蒙古を平定した。ダヤン汗は、さらに長城を越えて華北に侵入し、漢民族に不安を与えた。

その孫のアルタン汗は、外蒙古に勢力を保持していたトルコ系のオイラート部を天山山脈方向に追いやり、ゴビ砂漠を中心とする蒙古を完全に統一した。勢いに乗ったアルタン汗は、一五五〇年には華北方面から中国正州に入り、北京を包囲するまでになった（北《ほく》虜《りょ》）。

一方、南の海からは倭寇が中国沿岸をたびたび襲って、沿岸都市の略奪を繰り返すようになった（南倭《なんわ》）。

北虜にせよ南倭にせよ、その原因は明の厳格な鎖国政策にあった。というのも明は北方異民族に対して、絶対服従的な君臣関係を結ばなければ朝貢も許可しなかったので、武力に自信のある蒙古部族は、力をもって明を脅迫しようとしたからである。

また、中国大陸との海上貿易によって利を得ていた日本人商人は、勘合貿易だけに限るとした鎖国政策に反発して中国沿岸を荒らすようになり、一五五五年には南京に迫る勢いを見せた。ついには上海なども襲うようになったために、明政府は城壁を作るなどして、対倭寇防御策に乗り出した。

ただ中期以降の倭寇の実体は、密貿易で利益を挙げていた中国人たちに対して、明の官憲が厳しく取り締まったために、これに反抗した中国人が沿岸諸都市を略奪したのが真相であった。その証拠に第十三代・隆慶帝《りゅうけいてい》（穆宗《ぼくそう》）の代になって、海禁政策が緩み、中国人の海外渡航が許可されると、倭寇はほとんど姿を消してしまった。

北虜南倭がようやく収まる頃、穆宗が三六歳の若さで急死し、わずか一〇歳の神宗《しんそう》（万《ばん》暦帝《れきてい》）が即位した。この万暦帝は四八年間も君臨したが、彼を補佐した張居正《ちょうきょせい》がいた時は行政改革や軍事費の節約など、財政改革もうまくいっていた。

ところが一五八二年に彼が五七歳で亡くなると、万暦帝の奢侈を好む性格が現われ、張居正の死後三年目には、自己の死後のために地下宮殿を造営し、八〇〇万両の巨費を投じて張居正がなしとげた財政再建を一挙に吹き飛ばす愚を演じた。しかもこの地下宮殿が完成をみた一五九二年から、いわゆる「万暦の三大征」が始まり、滅亡への序曲が流れ始めた。

第一回目の遠征は、オルドスや寧夏《ねいか》地方にいたモンゴル人が反乱を起こしたため、ただちにこれの鎮圧を行なって事なきを得た。

第二回目の遠征は、豊臣秀吉の起こした朝鮮の役に対するものであるが、実は秀吉の出兵自体も明の鎖国主義に対しての武力による扉叩きであった。つまり、対等の条件で明と貿易ができないために、武力をもって国交を開こうとしたものである。明の属国となっていた朝鮮は秀吉の侵攻に驚いて、万暦帝に助けを求めたため、明は大軍を送って朝鮮を助けた。秀吉による朝鮮侵入は二度にわたったが、明にとっても八〇〇万両の出費となって、財政を悪化させる原因となった。

第三回目の遠征は、朝鮮の役が終わらない一五九七年に、南部の貴州地方で苗《ミャオ》族が反乱を起こしたものに軍隊を送ったものであった。こうして三度の外征に明は翻弄された。

秀吉軍が朝鮮で敗北した本当の理由

ところで、秀吉が一五九二年に大明国征伐のために兵を朝鮮半島に送った（文禄《ぶんろく》の役）とき、加藤清正《かとうきよまさ》（一五六二〜一六一一年）も出陣命令を受けて一万名ほどの部隊を率いて朝鮮に渡海した。ところが、この清正の部下に「沙也可《さやか》」という武将がおり、彼は常日頃から大陸（からくに）の文化・礼節に憧れ、かつ尊敬をしていたので、朝鮮軍を攻めるのが辛く、悩んだあげく、彼は自分の一族郎党三〇〇〇人を引き連れて朝鮮軍に寝返りをしてしまった。

その際、当時の世界では最も優れていた日本の鉄砲技術を、明軍や朝鮮軍に手土産代わりに伝えたので、それまで日本軍に対して連戦連敗を続けていた明、朝鮮軍は、一気に形勢を逆転させて日本軍を半島南部にまで追い詰めることができたという。

日本側の記録では、大明国の李如松《りじょしょう》将軍が大軍を引き連れて日本軍を追い詰めてしまったとしているが、形勢逆転の真相は「沙也可」による裏切り行為にあったらしい。

故・司馬遼太郎氏は、日本名「沙也可」とは、恐らく清正軍に配備されていた紀州・雑《さい》賀《が》党の者ではなかったかと推測している。当時の雑賀党ならば、優秀な鉄砲製作者であると同時に射撃術にも長《た》けた集団で、鉄砲技術と戦法では、おそらく当時世界一であったと言われているからである。沙也可とはもちろん本名を隠しての名乗りであろうが、慶長の役後、彼は朝鮮式に「金忠善《きんちゅうぜん》」という名前に変えて、長く李氏朝鮮に仕えた。

実は、その末裔の方が今でも韓国の大邱《テグ》市郊外の山里に住んでおり、筆者も九六年十一月に会い、文献等を見せていただいた。彼の名前は金在徳《きんざいとく》氏で、沙也可から数えて十四代目にあたる。むろん、沙也可の配下の子孫も多数この山里に住んで、沙也可の墓を守っている。

金在徳氏によれば、日韓併合後、沙也可の事績を日本の統治者に明らかにしたが、ナショナリズムの高揚していた在韓国・日本人為政者は、沙也可に対して裏切り者という認識しか持たず、長い間ご苦労されたようである。

また朝鮮側にしてみても、敵である日本人の降将・沙也可から、鉄砲技術を教わったおかげで日本軍を撃退できたなどと思いたくないから、沙也可の事績はほとんど無視してきた。むしろ韓国の人々にとっては、日本軍の渡海を妨げた朝鮮水軍提督・李舜臣《りしゅんしん》（一五四五〜九八年）を救国の英雄として祭り上げておきたいというのが偽らざる感情である。

ところが実際には、李舜臣提督の事績は韓国では長らく忘れられており、それを掘り起こしたのが明治期の日本海軍であったというのは皮肉である。対馬で日露の艦隊決戦が行なわれる時、韓国南部にある鎮海湾から出撃した連合艦隊の一部将兵は、勝利を李舜臣提督に祈願したと記録に残している。

ともあれ、近年ようやく、韓国内でも一部の人々の間で沙也可の事績が認められてはきたが、それまで一般韓国人にはほとんど知られていなかった。しかし、平成十年の四月から、奇しくも日韓の高校歴史教科書で、同時に沙也可の事績が紹介されることになったのである。金在徳氏の長年の努力がようやく実ったと言えよう。

ところで、この沙也可の事績をより深く研究し、同時に日韓文化交流のかけ橋にしようと、金在徳氏を中心に「研究会」や「沙也可館」の建設推進基金も設立され、韓国人だけでなく、多くの日本人もこれに参加している。本来、沙也可という人物は、日本側にとっては裏切りの将軍であり、憎悪の対象にされるはずなのであるが、現在の日本人は逆に沙也可の勇気を賛えようとしている。

女真族、再び中国を奪還す

万暦帝は、地下宮殿や秀吉の朝鮮侵攻などで大幅な財政赤字を出したため、各種の商税の増額や鉱山開拓による歳入の増加を図り、特別税（五二〇万両）なども課して財政再建に乗り出した。そして税金徴収役として宦官を全国に派遣したが、欲に目の眩《くら》んだ宦官が人民を苦しめたため、各地で反乱が勃発するようになった。その上、秀吉の侵攻は南満州地方の軍事と経済バランスを大きく崩す結果となった。

すなわち、朝鮮の役で朝鮮王へ援軍を出す際に、これまで遼東地方に駐屯していた明軍をすべて朝鮮半島に送ったため、この地方を抑える軍隊がいなくなり、居住していた女真族が活発に動き出したのである。

その上、朝鮮半島へは三〇万人を超える明軍への物資が八年間にわたって華北から、南満州、遼東を通って続々と運び込まれたため、この輸送路に当たる地方一帯に住む女真族に、多大の利益を与えることになった。

そうした中、女真族のヌルハチ（清の太祖、一五五九〜一六二六）は、豊臣秀吉が朝鮮において明軍と争っている間の一五九三年に、同族である三族を次々と統一し、一六一六年にはついに『後金《こうきん》』を建国した。かつて「宋」代に、女真人の完顔阿骨打《かんがんあぐだ》がうちたてた

『金』が、一二三四年にオゴタイ汗に滅ぼされてから、三八〇余年を経ていた。

驚いた「明」は直ちに明軍の主力を送るとともに、朝鮮と女真族の中でヌルハチに反対する勢力にも出動を命じ、満州・撫順のサルホ山でヌルハチと決戦を行なったが、逆に大敗を喫してしまった（一六一九年）。この戦いによって『後金』の満州での覇権は決定的となり、都を瀋陽《しんよう》に定めた。ヌルハチが病死し、子のホンタイジ（一五九二～一六四三年）が太宗《たいそう》となると「明」への攻略にかかり、内蒙古も制圧し、国号を後金から『清《しん》』に改めると、万里の長城に押し寄せた。

「明」は万里の長城の防御を固めたが、国内では飢饉と農民の小反乱が各地で勃発していた。そして一六二八年、旱魃に襲われ、深刻な飢饉にみまわれた陝西《せんせい》地方で、窮乏した農民が暴動を起こすと、それはたちまち全国各地に拡大し、大規模反乱へと発展した。

農民軍の指導者になった李自成《りじせい》は、それから約一六年間にわたって各地で明軍と転戦を続けたが、一六四四年には洛陽を陥落させ、同年四月には北京を陥れて「明」はここについに滅亡した。

ところが「明」が滅亡すると、それまで万里の長城を挟んで清と対峙していた明軍の将軍たちは競って清に降り、逆に清軍を先導して李自成の籠《こも》る北京を包囲した。李自成は北京を脱出したが、翌年、湖北地方で討伐軍に殺された。

「清」はここで「明」の滅亡を天下に布告するとともに、代わって中国の新しい主人となって中国人民を治めることを宣した。

独裁政治を続けた万暦帝時代の末期から、中国は数十年間にわたる戦乱と飢饉に遭遇したため、明朝から清朝への移行期における総人口は激減状態となった。ザハーロフの統計によれば、万暦帝七年（一五七八年）の中国人口が六〇七〇万人であったのに対し、清が北京入城を果たした一六四四年には一〇六三万人となり、五〇〇〇万人以上が減少したことになる。

明が滅びた原因は、万暦帝のような独裁者出現に求められるが、間接的には明の徹底した鎖国主義が秀吉の侵攻を生み、その隙を女真族に乗じられたわけで、きっかけは秀吉の「唐国（からくに）お国入り」にあったと言えよう。

(二) 「清《しん》」帝国——異民族支配の三〇〇年

六〇万人の女真族が、なぜ一〇〇倍もの漢民族を支配できたのか

太宗《たいそう》ホンタイジに率いられて万里の長城を越え、華北に侵入してきた満州民族王国・「清」の人口は、ようやく六〇万人を数えるほどであったが、後には一〇〇倍をも越える人口の全中国を支配できたのは、なぜだろうか。

第一に、「明」の極端な鎖国専制政治が、漢民族の持っていた愛国精神を減殺し、各階層を繋いでいた民族的紐帯《ちゆうたい》をズタズタに割いて分裂させてしまっていたからである。このため、明内部の抗争に敗れたり、これに飽きあきした漢民族の官僚や軍隊が、続々と清に降って来た。

彼らは当然ながら清国の領地である満州に移り住むことになったが、できれば中国正州に帰還することを熱望していたため、清軍による中国全土の平定を強く望み、中国帰還のためとあらば道案内を買って出るばかりでなく、統治のための政策などを進んで提言し、清軍の中国進出と統治を積極的に助けた。

その一つは満州民族の風習である弁髪《べんぱつ》を進んで受け入れることで、彼らは、中国全土を清が支配して以降に弁髪になった者よりも優越的な地位を築いて、清の政権に参加した。漢民族が弁髪の風習に従ったということは、古くから漢民族の意識にあった攘夷思想の台頭を防ぐ役割を果たすことになった。

こうして、初めは清も全中国を支配するつもりなどなかったのが、自然と案内される形でこれを掌中に収めることができたのである。

第二に、女真人が支配下の各民族の弱点をよく見抜いて、それに付け入ったことである。まず、「チベット人」に対しては、彼らが深くラマ教を信仰しているのを見て、ラマ教信仰を許可したばかりでなく、皇帝そのものもラマ教を崇拝する態度を示し、辺境地でもラマ教信仰者の多いところには、立派なラマ教寺院を建立した。

最も手強い夷狄だった「モンゴル人」に対しては、清の皇女を蒙古の王族と通婚させて姻戚関係を結び、彼らの間に生まれた王子、王女たちを幼少の時から清の宮廷で育てた。そのため、彼らは清の皇帝や皇太子をお祖父さん、叔父さんと呼ぶようになり、大人になって支配地に帰っても、清に反抗することができないようにした。

「漢民族」に対しては、科挙の制度を利用した。漢民族は官僚になることに憧れているから、官吏にしてやれば支配者が異民族であろうと、おとなしく付いて来ることを見抜いていたのである。官吏になれば、金と権限と美女が手に入る上、その名誉と栄華は九族にまで及ぶというおまけまでついた。官吏になって官位が貰えればよいという風潮は、中国では何千年にもわたって蓄積されてきた一種の病態ともいうべきものであった。

新疆《しんきょう》地域の「ジュンガル族」に対しては、イスラム教を認めイスラム寺院を建立し、清への反抗心を巧みに抑えた。しかも、チベット、モンゴル、ジュンガル等の統治には、決して漢民族を使わず、皇帝直属の満州族をもって「理藩院《りはんいん》」を作り、彼らに治めさせた。

第三に、行政組織と軍事組織を兼ねた「八旗《はっき》制度」の活用である。女真族は狩猟を生業とし、副業として遊牧や農耕を行なう民族であったことは前述した。狩猟というものは、狙った獲物を追い込んだ上で、四方から取り囲み捕捉するもので、軍事訓練にも通じるところがある。ともあれ、女真人は狩猟からヒントを得て八旗制度を軍隊組織に適用して成功した。

この八旗制度は太祖ヌルハチの時代に成立したが、その息子のホンタイジ（太宗）はより詳細に規定し、他民族にも八旗制度を採用させた。まず壮丁三〇〇人を一単位としてニル（矢の意）とし、五ニルを一ジャラン（隊の意）と名付け、五ジャランを一グーサまたは旗と名付けた。八旗制度によれば、各団体の長は行政官であると同時に領主で、平時には各団体ごとに指定された土地で農業を営み、戦時には各部隊長が兵を率いて出征するというものだった。

皇帝独裁体制を、いかに築いたか

清はまた、一六四四年に入関（中国正州に入ること）して以降に、清に帰順した漢人をもって、「緑営《りよくえい》」という組織を作らせ正規軍の一種としたが、軍事的には満州八旗を頂点とし、他の蒙古八旗、漢軍八旗などで緑営を制した。緑営または緑旗は、その旗の色が緑色のためにそのように呼ばれたが、三藩の乱をはじめ内征や外征には多く緑営が駆使され、十九世紀前半には緑営の総数は六〇万人を超えていた。

中国の万里の長城を訪れた人なら誰でも、長城の通路に清時代の兵士の服装をして、槍や刀を持った農民アルバイトの人々に気が付いたことであろう。彼らは「緑営」の姿をしているわけである。

清は独裁制を確立するために、「軍機処《ぐんきしよ》」を設け、従来の内閣にかわる事実上の政務最高機関とした。この結果、官吏はすべて直接に皇帝の手足となって働くことになり、上司からの拘束や意見を聞く必要がなくなった。同時に各官庁の責任者も満人・漢人の二人を長官に任命し、二人の意見が合わない場合は皇帝が裁決を下すというシステムを採用した。この制度の弊害は、最高責任者であるはずの長官が自らの責任を感じることなく、最後の責任を皇帝に転嫁するという面が生じることであった。

さらに独裁政治を履行するために、清では満人を密偵用の官吏として地方に派遣し、諜報網の拠点や密偵役として活躍させた。明では密偵の役割を宦官に与えたが、その弊害は大きく、かえって騒乱の元となった。清では腹心の満人をあてたので、そうした弊害はほとんど起こらなかった。ただし、清の皇帝は満人、漢人の双方に君臨しなければならず、その結果、満人は従来から保有していた満州人としての民族意識を次第に失い、漢人化していった。たとえば、纏足《てんそく》の習慣などが早くも満州民族の間に始まり、一六六一年に即位した康熙帝《こうきてい》(一六五四〜一七二二年)の代には纏足禁止令が発布されたが、まったく効果がないほどに漢民族や満州民族の間に流行する有様であった。

中華民国が、満州の領有権を主張した根拠とは

ともあれ清は中国正州に入ってからは、中国正州と満州とを直轄地とし、両方の地域に同じ数の旗軍駐屯地を置いて守りを固めた。そして満州を祖宗発祥の地として神聖視し、漢民族の流入を防いで満州を守ろうとした。このため、行政上においても特別な軍政機構を実施し、一六六八年には「満州封禁令《まんしゆうふうきんれい》」を発布して、それまで満州の地を開拓するために漢民族を招く政策であった「遼東招民開墾令」を停止した。さらに一七四〇年には「漢民族の満州への移住禁止令」も出して、漢民族の流入を防ぐ手段に出た。

しかしながら、中国正州と同じ陸続きの満州は、広大な面積がある上に、黒龍江に沿う地域は人口希薄のうえに肥沃な土地が多く、禁止令の徹底は困難で、漢民族の流入を完全には防止することができなかった。特に中国正州での天候不順によって黄河が氾濫した年などは、農業は壊滅的打撃を受け、華北一帯は飢饉に襲われた。このような年には、中国から大量の流民が満州になだれ込んできた。このため一七四九年にも漢人移住を厳禁したが効果はなく、それればかりか、満州に隣接する蒙古地方へ流民を招致して開墾事業を始めてからは、漢民族は蒙古を経由して満州地方に流入するようになった。

こうして一八二〇年頃には満州封禁令は有名無実化してしまった。ただし、重要なこと

は、満州地方に封禁令を破って転入した漢人も、また中国正州に居住していた漢人も、満州という地方がもともとからの漢民族の居住地とは思ってもいなかった。満州はあくまでも夷狄である満州族（女真族）の土地であると認識していたのである。

そうであればこそ、一八五八年に清が黒龍江以北に広がる満州北部の地をロシアに割譲しても（アイグン条約）、漢民族は誰一人反対を言う者はいなかった。さらに一八六〇年には、再びロシアの圧力によってウスリー江以東の沿海州地方を奪取されたが（北京条約）、漢民族にとっては特にナショナリズムを刺激されることもなかった。さらに一九〇五年に日露の大軍が満州の原野で激突した時も、中国人は誰一人、自分の国を侵害されたなどと抗議する者はいなかった。

それゆえ、一九一一年十月に辛亥《しんがい》革命が起こり、翌年の二月に「清」が滅亡すると、清の直轄地であり女真族の故郷たる満州も統治者を失ってしまった。つまり満州は、これを治めるべき主人をなくしたのである。それゆえ満州の地は一九一二年以来、無主の地となり、以降、中国人だけでなく朝鮮人やモンゴル人、そしてロシア人、さらに日露戦争後、新たに満州に権益を保有した日本人も一旗揚げようと流入を始めた。

満州の地は、清国最後の皇帝である宣統帝《せんとうてい》が日本の傀儡《かいらい》（満州国執政）として満州国に帰ってくる一九三二年まで（一九三四年には皇帝）、まさに無主の地であったという事実は認識されなければならない。中華民国や中華人民共和国が満州は中国の領域と主張したのは、満州に居住する五族のうちでは中国人が最も多く、対外的にも中国領土と主張しやすかったからで、ほかに根拠はない。だが在満中国人の実態は「封禁令」を破って勝手に流入した密入国者であり不法外国人であった。

ところで、清帝国が崩壊すると、外蒙古（モンゴル）は、さっさと独立してしまったが、彼らの独立理由は「自分たちは清国皇帝の統治に服したが、それを倒した漢民族の統治に服す理由がない。したがって異民族の中国が蒙古民族を支配しようとするのは間違っている」というものだった。中国人も、その論理に服さざるを得なかったのである。

順調に推移した清の対外侵略

さて、康熙帝《こうきてい》が一六歳で親政を開始して、最初に取り組んだのが三藩の問題であった。三藩とは、清建国の際に功績のあった三人の明の元将軍が、満支配の中国国内で強力な兵力を保有し、事実上の独立政府を開いていたのである。

三藩の乱は八年間続いたが一六八一年には平定され、明の遺臣を擁して台湾に立て籠《こも》った鄭成功《ていせいこう》の一族も八三年には討たれ、国内紛争の芽はすべて摘《つ》み取られた。康熙帝は直轄地である満州と中国正州のそれぞれ一五ヵ所に、旗軍を駐屯させて防衛拠点とし、国内を固めた。

国内問題を解決した康熙帝は、女真族にとっての聖域たる満州北方領域内に、ロシアがアルバジン城を築いているとの情報を得たので、大軍を送ってアルバジン城を包囲攻撃した。ロシア軍も頑強に抵抗したが、七〇〇名のうち六〇名の生存者を残すのみとなって降伏した。続いて康熙帝は、一万の軍勢を送って東シベリアのネルチンスク城を攻め、ロシアをして南下を諦めさせ、ネルチンスク条約(一六八九年)によって満州とシベリアの国境を策定した。

さらに翌年、康熙帝は満州に隣接する外蒙古のチャハル部から自治権を奪い、清の直轄下においた。

西域では、オイラート部の一族で天山山脈イリ地方で勢力のあった『ジュンガル部』に、ガルダン汗(一六四五〜九七年)という部長が現われると、たちまち中央アジアを席巻し、一六八八年には、ついに外蒙古まで侵入してきた。外蒙古の諸部長たちは清に助けを求めたので、清は援軍を出しガルダン汗を破り、外蒙古が「清」の領土となった。

「清《しん》」時代（1636年〜1910年）

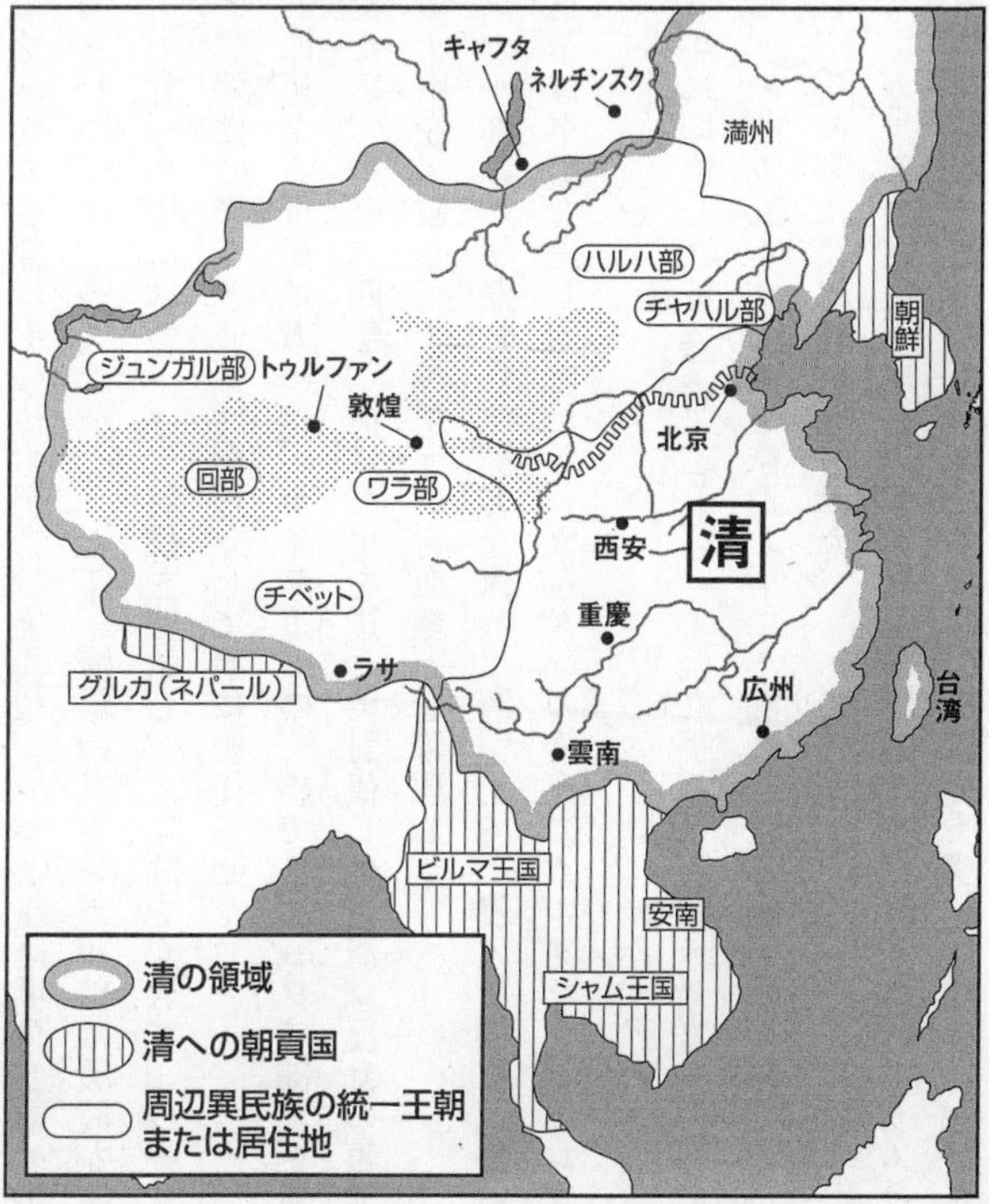

しかしながらジュンガル部はその後も勢力は盛んで、チベットと共同歩調を取って、清軍をしばしば悩ませつづけ、ついに一七一五年、清軍はジュンガル部に大敗を喫した。

一方で清は、一七一八年にはチベット討伐を開始し、二年間をかけてようやくチベットの都ラサに侵入、六世のダライ＝ラマを擁立して清に服従させた。

またチベットに連なる青海地方には、オイラートの一族である『ワラ部』があったが、反乱を起こしたため、一七二四年、清は大軍を送って討伐した。清は反乱の再発を防ぐため、ラサに駐蔵大臣を設置してチベット、青海地方を管理した。

しかしジュンガル部は、相変わらず勢力を保って清領土内に侵入を繰り返したため、一七三一年に雍正帝《ようせいてい》は軍勢を差し向けたが、ガルダンの後裔のガルダン＝ツェレンに大敗を喫した。

しかし、三六年に即位した乾隆帝《けんりゅうてい》（一七一一〜九九年）は、ジュンガル内部に紛争が起こったのに乗じ、一七五五年、大軍を派遣し、二年間にわたる掃討戦の末、ついにジュンガル部を平定し、その都に旗軍を駐留させた。

さらに、ジュンガル部の主権下にイスラム教を奉ずるウイグル人は、タリム盆地地方に居住して神権政治を行なっていたが、清では彼らを回部《かいぶ》と呼び、これを一七五九年に平定し、中央アジア一帯を清の領土とした。

ここに天山山脈の南北地方がすべて清の領土となったが、清はこれらの地方を新開の国土という意味で「新疆《しんきょう》」と名付けた。清は満州民族六〇万人で中国を征服し、今やその領土は元を除く歴代王朝の最大領域を超え、朝鮮、安南、シャム、ビルマ、グルカ（ネパール）などの属国を加えて、その勢力範囲は唐を超える東アジア最大の国家を築きあげることに成功した。

乾隆帝がジュンガル部を滅ぼすと、その西方に隣接するコーカンド汗国、ボハラ汗国、アフガンなどの諸国が清に朝貢してくるようになり、さらに遠くヴォルガ河流域に移住していたモンゴル系部族のトルグートも朝貢にやってくるようになった。

また、清の威信は南方諸国にも及び、ビルマのアウランパヤ王朝やヴェトナムの安南国は朝貢して属国となった。十八世紀後半にシャムでバンコク王朝ができると、やはり清の威力を恐れて属国となった。

清はこの巨大な領域を支配するのに、中国正州、台湾そして満州を直轄領とし、内蒙古、外蒙古、青海、チベット、新疆を「藩部《はんぶ》」と呼び、朝鮮、安南、シャム、ビルマを「属国」とした。清が最も統治に神経を使ったのは藩部で、大勢力が出現しないよう勢力を細かく分断して互いに牽制させるとともに、中国人（漢民族）との接触を禁止し、藩部の諸王には、北京への参勤交代を徹底させた。

また藩部内の問題処理は現地住民に任せたが、最高権限は北京にある「理藩院《りはんいん》」が掌握し、重要問題には必ず干渉をするようにした。そして外蒙古クーロンに置いた弁事大臣、新疆のイリ将軍、チベット・ラサの駐蔵大臣、青海の西寧《せいねい》弁事大臣などの要地の幹部には、北京から満州民族である文官や武官が、軍隊とともに派遣され、監督管理を行なった。清が異民族を巧みに支配できたのは、少数民族と漢民族の接触を禁じて、漢民族の異民族居住地への移住を許可しなかったからである。

漢民族の消滅を意味する「弁髪令《べんぱつれい》」

清を建てた女真族が漢民族から見れば明らかに夷狄であったことは、清国皇帝にとって統治上の最大の弱点であった。これを克服するために、清は硬軟両用作戦をもって臨んだ。

まず康熙帝は明朝を引き合いに出し、清朝と明朝とは、対等に付き合って来た国家であり、明朝が天子の義務を尽くさなかったために、清朝が天命により、代わって中国を支配している、という論理を用いた。それゆえ、清朝と中国人とは君臣の間柄であるから、大義思想からいっても清朝に忠誠を尽くすべきである、というものである。

一方、硬作戦の一つは「弁髪令《べんぱつれい》」で、漢民族の風習を捨てて夷狄の習俗に従うことを、武力を背景に強制した。そして中国人が弁髪と満州服（胡服《こふく》）を受け入れた時点で、実は漢民族は全中国から姿を消すことになった。

なぜなら、孔子によれば「総髪と中国服を着れば中国人であり、弁髪と胡服を着れば夷狄になる」という名言があるからである。

もう一つは禁書《きんしょ》である。中国では王朝の統一を妨げるような思想に対しては、学者を処刑したり書物を焼き捨てるなどする大規模な処分が、秦の「焚書《ふんしょ》」以来、一一回行なわれたが、その最後が、清の「禁書」であった。とりわけ乾隆帝の代に徹底した禁書を行ない、その反満思想を一掃するため地方官に命じて、害ありと認められる書物を捜し出して焼き捨てるか、改竄《かいざん》させるかした。この被害に遭った書物は五三八種、一万三八六二部に及んだ。

こうした満州民族に対する漢民族の攘夷感情は、ある時は地下に潜り、ある時には表面に現われて清を悩ませたが、清はやがて、この攘夷思想を中国に渡来するようになっていた西洋人に転嫁する方法を見出した。すなわち、中国には明代の一五一七年に初めてポルトガル人が来航して以来、多くのヤソ会士がキリスト教布教のため居住をしていたが、雍《よう》正帝《せいてい》の代になって、一七二三年にはキリスト教を厳禁し、中国全土にいた宣教師をマカオに追放した。

西洋の宣教師はキリスト教という夷狄の思想で中国の伝統的文化を破壊し、中国社会を崩壊させようとする危険な存在である、というのがその理由であった。

列強に蹂躙《じゅうりん》される中華帝国

清は外国との貿易地を広東《カントン》だけに限定し、西洋人との貿易を「行商《こうしょう》」と呼ぶ一三人の特許商人だけに限定した。そして厳重な政府統制の下においたが、行商が巨富を築くと同様に、英国人も利益を挙げ、十八世紀半ばには、他の列強を抑えて中国貿易を独占するまでになった。だが、売買価格は「行商」の意のままに決定されたり、官憲への賄賂《わいろ》次第で税率が上下したり、不満を官憲に訴えるには必ず「行商」の手を経ることが要求されたりと、自由貿易を標榜する英国にとっては、不満の種ばかりであった。

その上、清国皇帝としては、貿易は夷狄に垂れる恩恵と見做していたから、貿易制度改善を求める英国側の要求や交渉など、頭から問題にしなかった。そのうえ、清国皇帝や皇帝代理人に会う時には必ず三跪九叩頭が強制され、貿易を対等と考える英国人のプライドも傷つけられた。だが、このような不都合を我慢してもなお、英国が中国貿易を見限ることができなかったのは、巨額の利益が得られたからである。

また、茶や陶器類も大量に輸入する結果、英国から中国への銀支払いが急増したが、折からの産業革命で銀は英国内でも需要が増大したために、中国への支払いが困難になってきた。そこで英国が考えたのが、インド産の綿花とアヘンを中国に輸出する政策であった。

その結果、アヘンはたちまちのうちに中国人の間に広がり、清は再三にわたってアヘンの販売を禁止したが効果なく、輸入額はますます増加し、銀が中国から流出するようになった。結局、清英間にアヘン戦争が勃発（一八四〇年）し、清は大敗を喫した。

この結果、清は英国に和を乞い南京条約が締結（一八四二年）されたが、このことは、天下とはイコール中国であり、蛮族はそれに従うべしという従来の思想（中華思想）が崩壊したことを意味した。

南京条約で中国は、五つの港を外国貿易用に開いたが、中国全域の港の開放を求めていた英国にとっては不満であった。一方、フランスも宣教師殺害事件で中国と交渉中であったが、一八五六年、英国国旗を掲げたアロー号が清国官憲によって臨検され、同船乗り組みの中国人船員が海賊容疑で逮捕されたことから、英仏両国は五七年に共同出兵した。英軍は艦隊一七〇隻、兵員一万八〇〇〇名を、仏軍は艦隊三三隻、兵員六三〇〇名を送り込み、両国は広東、天津《てんしん》を陥れて清との間に天津条約（一八五八年）を結んだ。

さらに英仏両軍は一八六〇年十月、北京西北郊外に進軍し、清の離宮である「円明園《えんめいえん》」を略奪した上、焼き払ってしまったが、この庭園と大宮殿は、雍正帝や乾隆帝の代にヴェルサイユ宮殿を模して造営されたものであった。略奪の主役はフランス軍で、放火の主役は英国軍であったと言われているが、貴重な文化財を破壊された上、つづいて締結された北京条約で、清は香港対岸の九龍《クーロン》半島も奪われてしまった。

しかも英仏両国と清の間に立って仲裁役を演じたロシア帝国は、仲裁料として現在の極東沿海州部分を清からもぎ取っていった。ロシアの所行は火事場泥棒というよりは強盗行為に等しいが、ロシア人はそうした略奪の地に現在も住み、なんら良心に痛痒《つうよう》を感じていないのは、満州民族国家が滅びてしまったからであろう。

「客家《はっか》」と呼ばれる流民の群れ

明末清初の戦乱によって、中国経済はしばらく停滞したが、やがて清の支配が確立されて平和になると、主要作物の米を始めとして、綿花、養蚕、落花生、煙草、茶の栽培も急増し、また手工業も発達したこともあって商業も活況を呈した。特にヨーロッパ貿易によって毎年、数百万ドルもの莫大な銀が中国へもたらされ、康熙帝、乾隆帝時代には貨幣経済が大いに発達した。

さらに前述したように、清による辺境諸民族に対する巧みな統治方法によって、歴代中華帝国が抱えた辺境諸民族との抗争、戦乱はほとんどなくなり、比較的平和で安定した社会が、唐の貞観《じょうがん》時代以来、出現した。

この結果、人口は異常とも言えるほどに増加を始め、これまで数千万に過ぎなかった中国の人口は、一七四一年には一億四〇〇〇万人を突破し、一七六四年には二億人、一八〇三年には三億人、そして一八四一年にはついに四億人を突破、わずか一〇年後の一八五一年には、四億三〇〇〇万人へと急増した。

しかしながら、すべての中国人が貨幣経済発達の恩恵に浴したわけではなく、農村の無産者、アヘン戦争後の失業者、戦争後の解散兵などは時流に乗り切れず、流民的状態にあった。しかも清は一六六八年以来、再三にわたって封禁令を出して漢民族が満州地方へ流入することを禁止していたため、人々は中部や南部に移住せざるを得なかったが、彼ら流民は「客家《はっか》」と呼ばれて、現地の華南人（本地人）から差別を受けることになった。

客家と呼ばれた彼らは、華南の農村地帯には入植できないため、都市部や周辺部の荒地、山間僻地に居座ったが、失業難民と同じ状態であったから、社会不安が次第に醸成されるようになった。こうして客家は年を追うごとに増大し、広西省や台湾あるいは海南島などにも多く移住するようになった。

しかしもともとは華北の出身であるから、黄河以南の本地人とは発音その他の風習が異なり、しばしば本地人と衝突を繰り返すようになり、両者の間に差別感と嫌悪感が生まれるようになった。

その客家からは優秀な人物が輩出している。たとえば孫文《そんぶん》（一八六六〜一九二五年）や故・鄧小平《とうしょうへい》氏、シンガポールのリークワンユー氏、台湾の李登輝《りとうき》氏などはいずれも客家出身である。客家出身の指導者たちに共通しているのは、まず粘り強いことと、勉学意欲が旺盛なことであった。また、四人に共通しているのは自国をアジア的体質ともいうべき儒教体制から脱却させ、現代的な脱亜入欧政策を行なって経済を飛躍的に発展させた点であろう。

「太平天国の乱」にみる中国人の残虐性

日本の幕末に、ペリーが艦隊を率いて江戸湾に侵入を試みる（一八五三年）その二年前、つまり一八五一年の中国南部・広州に、客家出身の洪仁坤《こうじんこん》（一八一三〜六四年）という青年が住んでいた。彼は官僚を目指して科挙の試験に二度滑っていたが、三度目の挑戦にも失敗すると、その原因を科挙制度の不合理性にあると考えるようになった。

そして苦渋の日々を送っていたある晩、たまたま夢枕に金髪の老人が現われ、世の中を惑わせている妖魔を退治せよとの啓示を受けた。彼は自分こそ世の中を救うために神から遣わされたキリストの弟であると確信し、混乱した中国社会を清国皇帝に代わって世直しすべき使命がある、と立ち上がることを決意した。

彼は、ここに名前を洪秀全《こうしゅうぜん》と変えて「上帝会《じょうていかい》」を組織し、世直し運動を推進するとともに、「太平天国」の実現を目指して、広西省・金田村で挙兵した（一八五一年）。

太平天国軍は滅満興漢《めつまんこうかん》、土地均田、男女平等、アヘン貿易反対などのスローガンを掲げ、飢饉と悪政に喘《あえ》ぐ人民をたちまち数百万人も吸収して、大集団に膨れ上がった。そしてまたたく間に華南一帯を制し、華北方面にまで拡大して中国人口の半分近く（二億人）を巻き込む勢いを示した。

さらに一八五三年には南京を首都とするまでになったが、そのころになると洪秀全は初めのころの世直しスローガンを忘れ、権力者の陥りやすい傲慢《ごうまん》な体質を露呈し、壮麗な宮殿を造営したり、たくさんの愛娼を抱える生活を始めた。このため、洪秀全の側近幹部までも多くの妾を侍《はべ》らせるなどしたため、革命的精神は急速に失われていった。

結局一三年間に及んだ乱も一八六四年には、清軍と英仏連合軍によって鎮圧させられてしまった。

この太平天国の乱は中国全省に及び、動揺しなかったのはわずか二省に過ぎなかったが、この乱が沈静化に向かい始めた一八六一年には、それまで四億三二〇〇万人もいた中国人口は、二億六六八八万人に激減してしまっていた。わずか一〇年間で一億六五一二万人が命を落としたことになるが、従来の王朝交代期でさえ、三〇〇〇万～四〇〇〇万人が飢饉と殺戮で死亡したにとどまるから、太平天国の乱における人口減はまさに異常である。飢饉による餓死者がたとえ三〇〇〇万人いたとしても、残りの一億三五〇〇万人は殺戮によって命を落としたことになり、いかに凄《すさ》まじかったかが理解できよう。

特に、太平天国の首都となった南京では、首都陥落の際に数百万人が殺されており、南京だけでなく各地に遺体が埋められ、あるいは揚子江に投げ捨てられた。しかも、この反乱平定では満州八旗軍は何の役にも立たず、漢人の士太夫と中流以上の農民軍による自衛運動、および英仏軍の援助で行なわれたために、清の威信が失墜するとともに、漢民族の自信とナショナリズムを目覚めさせる結果となった。

日本の歴史では、島原の乱（一六三七年）で、反乱参加者二万三〇〇〇人（三万七〇〇〇人説もあり）が幕府軍の猛攻にあってほとんど全滅状態となったのが死者の最大で、飢饉による農民暴動や一揆、打ち壊し、強訴《ごうそ》などはせいぜい参加者が一〇〇〇人単位の上に、最終的には首謀者が数名死刑となるだけであったことを考えると、中国人の残虐性は異常である。

さて、一八七四年に光緒帝《こうしょてい》が即位したが、七年後には、まず新疆・イリ地方の一部がロシアに割譲（イリ条約・一八八一年）され、次いで清仏戦争でヴェトナム地方の宗主権を喪失（天津条約・一八八五年）し、一八九五年には日清戦争によって朝鮮の宗主権と台湾を日本に奪われ（下関条約・一八九五年）、義和団事件後の一九〇一年には連合国に対して北京駐兵権を認めさせられ（北京議定書）、さらにチベットは英国の、満州はロシアの脅威にさらされるにいたった。

ここにおいて、ついに漢民族自立のために清打倒を目指した革命運動が起こり、一九〇五年の日露戦争後の東京で、孫文らが宮崎滔天《みやざきとうてん》（一八七一～一九二二年）らの協力により「中国同盟会」を結成し、一九一一年には辛亥《しんがい》革命によって清を打倒してしまった。

終章　二十一世紀、中国の行方と日本

——この覇権主義国家と、いかに接していくべきか

(一) 中国の「対日憎悪」の真意を読み解く

中国が日本批判を繰り返す真意とは

さて最終章になる本章では、これまでの歴史を踏まえた上で、二十一世紀の日中関係を模索してみたい。一般に先進国社会では、政府の政策が成功すれば、選挙民は次回の選挙において与党政治家に投票して賛成の意を表わすが、政策が失敗すれば、選挙民はソッポを向き、与党は野党に転落する。

ところが、先進国のように政治的に国民意識が育っていない中進国や途上国、あるいは一党独裁政権国家などの場合、国民は政治家の失敗に対して直接行動に出て政治家を批判し、槍玉に挙げる場合が多い。半年や一年先まで待てば選挙によって代えられるなどという制度はないから、直ちに反政府行動を起こし気勢を上げることになる。

特に一党独裁国家の場合、国民の要求は一つの党を通してしか上層部に伝わらない。つまり独裁政権国家には、広く国民の不満を汲み上げる野党がない。そこで反対派は直接行動に出て現政権を力で排除することになる。これに対して為政者は問題を他国との問題に掏《す》り替えることによって、国民の不平と不満の目を核心から逸《そ》らして自分の政治生命安泰を図るということが往々にして見られる。

こうした手法は、実は一八七〇年代から始まる列強諸国の帝国主義政策として、各国で利用されたものである。近いところでは一九八〇年のイラク軍侵攻によるイラン・イラク戦争、八二年のアルゼンチン軍侵攻によるフォークランド紛争、九〇年のイラク軍によるクウェート侵攻などがある。むろん六〇年代から続いているアフリカ諸国での隣国紛争も、為政者による政策失敗からくる国民の不満の目を、隣国に誘導することから紛争に発展するケースが多い。

以上の説明で分かるように、中国が徹底した反日教育を若者たちに施しているのも、共産党の政策が失敗し、国民が不平・不満の目を政府に向けようとした時に、それを日本へ振り向けさせるための逃げ道であり、極めて悪質な方法である。事実、建国から四〇年近く労働者の平等を説いてきた共産主義理論を放棄し、自由競争の資本主義へ、百八十度転換したことは共産党の大失敗を意味し、人民の不満は天安門事件をきっかけにして共産党政府に向かっていた。要するに中国政府は、いまだ政策的に完全な自信を持っていないこと、国民そのものが政治的に未成熟であること、国民の不満を汲み上げる野党がないことのために、不満の誘導先として常に日本を利用しようとしているのである。

中国人は、自国の右傾化にこそ目を向けよ

結局、共産党政府は共産主義を放棄したことからくる人民の不満を「愛国主義」へと転化させ、そのターゲットを日本に絞ったのである。もちろん、推進者は江沢民であった。中国政府は事あるごとに、日本の軍国主義化、侵略に対する無反省を批判するが、その言動はしばしば常軌を逸するほどに過激なものが多い。教科書問題、「南京虐殺」事件、靖国参拝問題、自衛隊海外派遣問題等々、内政問題に対しても干渉をしてくる国家である。これに対して日本は一度たりとも中国の内政問題に干渉したことはない。

愛国主義の下、中国は常に日本が右傾化しているとか軍国主義化していると批判をするが、中国自身が保有している核兵器や戦略ミサイル、原子力潜水艦、爆撃機などは、軍事侵攻能力の最たるものであるから、中国こそ軍国主義国家、右傾化国家と言えるはずである。しかも核実験を四〇回以上も繰り返して地球環境を悪化させた罪は重い。日本はこれらの兵器は所持していないし、持つつもりもない。

特に核兵器などは、覇権を求めるための最終兵器であり、けっして自国の防衛のためと

『安全保障分野での日中比較』（1998年度）

安全保障項目分野	日　本	中　　国
正規軍	23.6万人	293.5万人
国防費	429億ドル	317億ドル（公式数字97億ドル）
防衛白書	毎年公表	不定期に公表
核弾頭数	0	450（2350との情報もある）
ICBM（大陸間弾道弾）	0	20基（射程8000キロ以上）
SLBM（潜水艦発射弾道弾）	0	12基（射程4000キロ）
IRBM（中距離弾道弾）	0	多数（射程5000キロ）
短距離弾道弾	0	数百発（東風15・射程600キロ，東風9・射程280キロ）
戦略爆撃機	0	180機（航続距離6000キロ）
潜水艦数	16隻	63隻（他に原子力潜水艦１隻）
揚陸艦艇数	28隻	430隻
戦車数	1,110両	8,500両
艦艇数	249隻	894隻
作戦機（含海軍機）	478機	4,175機（爆撃機は含まず）
武器輸出	0	8.7億ドル
武器輸入	7.9億ドル	17億ドル
力の行使（戦後～97年）	0	15回
国連分担金	2.4億ドル	1.3千万ドル
国連PKO	1件（45人）	3件（33人）
ODA援助額	95億ドル	資料ナシ
安保関連国際会議	1件	0

★資料源は98/99年版ミリタリ・バランス，SIPRI98年版，防衛白書（平成10年版），国連統計等。㈶デフェンスリサーチセンター資料より作成

は言えない。一発でも所有すれば覇権主義国家であり、無条件に軍国主義国家でもある。

だが、自虐史観に立つ日本の政治家・外務官僚・学者・文化人・マスコミは、中国の論理矛盾を見て見ぬふりをし、中国の所行に対し、批判一つしていないのは、日本の安全保障にとって一大問題なのである。

前ページの「安全保障分野での日中比較」を参照して欲しい。まず、国防費では日本が四二九億ドル、中国は三一七億ドルである。もっとも中国政府の公式発表は九七億ドルである。中国政府は、国防費の単純比較で、日本は世界第三位の防衛費であり右傾化、軍国主義化していると批判するが、日中の比較図を見れば、それが当たらないことは一目瞭然である。通常兵器（戦車、艦艇、作戦機）の数だけを比較しても、中国の方が圧倒的に多い。その上、戦略兵器となる核兵器や大陸間弾道ミサイル、中距離弾道ミサイル、潜水艦発射弾道ミサイル、戦略爆撃機等々、日本には一つもない兵器を多数保有しているのが分かる。

中国人民は、自国の公式兵器数を一切知らされていないから、もしこの数字を知ったら恥ずかしくて、日本批判などできなくなるはずである。日本の国防費が高いのは、二三万人もの自衛隊員に対して世界一高い給料が支払われるため、人件費が国防費の半分近くを占めるのと、中国と異なり、自国産兵器を外国には一切輸出していないために、国産兵器の単価が高くなるためである。しかも日米安保で米軍と共同行動をとるためには、米国製の高価で特殊な電子機器を導入しなければならず、結果的に防衛費が高額になる。

こうした説明を何度しても、中国は国民の手前、受け入れようとしない。防衛費を下げろと言うのであれば、日本も中国のように選抜徴兵制にすれば、人件費はタダ同然になり、さらに国産兵器も中国のようにせっせと輸出をすれば、兵器の単価は低下する。しかも自動車や家電製品と同様に、もしも日本が本格的に兵器を輸出すれば、あまりにも優秀かつ低廉《ていれん》のために、兵器市場を独占し、中国製兵器はまったく売れなくなってしまうであろう。

いま現在、二四基の核ミサイルを日本に向けている中国

だが、日中関係でもっと重要な問題は、日中平和友好条約が締結されてから二〇年にもなるのに、依然として中国は日本を照準として、核弾頭を付けた射程二五〇〇～三五〇〇キロの戦術弾道ミサイル「東風－4」「東風－5」を、北朝鮮との国境に近い通化《つうか》基地に二四基も配備している事実である。テポドンよりも確実に日本を破壊する能力を保持して

いるのである。筆者がこの点を人民解放軍幹部に質すと、それは内政干渉であると嘯《うそぶ》く始末である。

その一方で、日本は中国こそ最大の友好国であるとして、ＯＤＡ（政府開発援助）を過去二〇年間、毎年三〇〇〇億円ほど支払ってきている。そうであればこそ、中国が世界に自慢している三峡《さんきょう》ダムを始め、多くの分野で目覚ましい発展を遂げることができているのである。つまり、日本国民の大切な税金を中国のために使っているのであるが、にもかかわらず中国では、誰一人感謝する者はいない。それどころか、それで浮いた分を、日本をターゲットとする核兵器や弾道ミサイルの開発にエネルギーを傾けているのである。これでは友好条約を締結した意味がないし、血税を中国に与えることには、とうてい納得できない。

実に見苦しい中国の歴史教育

日本の政治家が靖国神社を参拝すると、決まって中国政府は非難をするが、その意図するところは、靖国神社は戦没者と同時に、東京裁判でＡ級戦犯となった人々を合祀しているから、そこに参拝することは戦犯を拝むことになり、戦争犯罪人を美化することで容認できないと言うものである。

だがまず、大東亜戦争（英国の歴史学会ではこの用語が妥当としている）という戦争の結果で、勝者が敗者を裁くこと自体、前代未聞の厚顔無恥な出来事なのである。

東京裁判は、周知のとおり裁判官が、米国人、英国人、ソ連人、オランダ人、オーストラリア人など、日本の旧敵国人だけで構成されていた。本来の裁判は中立国の人間で構成されねばならないのにである。しかも日ソ中立条約を破って、無法にも日本の後ろから攻撃を仕掛けてきた国際法違反のソ連人を裁判官メンバーに入れているのである。その上、日本を弁護し、戦犯すべてを無罪と断じたインドのパール判事の弁護は、法廷で読み上げることさえも禁止したのである。この裁判は要するに白人による徹底的な有色人種イジメであった。

それゆえ、東京裁判を肯定する者は、白人の支配体制を擁護する者である。ちなみに米ソ英豪蘭などは、朝鮮戦争をきっかけとして、閣僚の靖国参拝を一切批判しなくなった。彼らはその破廉恥さに気が付いたのである。言うまでもないが、戦争行為は「戦時国際法」で認められた合法行為であり、兵器を持って敵を殺戮することは犯罪ではない。むしろ中国人が得意とした便衣隊（ゲリラ部隊）のように、一般人の姿をした兵士が兵器をもって敵の兵士を殺害することこそ、国際法では認められない卑怯な行為なのである。

また東条英機《とうじょうひでき》（一八八四〜一九四八年）という人物は、保守的思考の持ち主で、軍部内での権力闘争に参加した軍人ではあったが、断じて独裁者ではなかった。マッカーサーや連合軍が、彼を謀略や平和人道に対する罪で裁こうとしたのは、これに先だって行なわれたドイツのニュールンベルク裁判で、ナチスやヒトラーを断罪したのと同じ論法で裁判を進めるつもりだったからである。

すなわち、東京裁判の意図したところは、日本人を徹底的に軟弱化させ、戦う力を殺《そ》ぐために、日本も犯罪国家であり、自国の歴史を恥と思わせ、国家に対する誇りを国民からなくさせようというものであった。そのために支離滅裂な判決を下したのである。

だが、ナチスのユダヤ人虐殺は戦争犯罪ではなく、民族浄化（抹殺）という人種絶滅を企画実行した人類に対する犯罪であり、戦争責任とはまるで別次元の問題である。中国政府は盛んに、ドイツ人は戦争責任を全面的に謝罪し、補償も徹底して行なっているが、日本人は大東亜戦争を全然反省していないと批判をし、日本の一部マスコミや、そうした教育や宣伝を真に受けた日本人も、日本はもっとドイツを見習えと、トンチンカンなことをいうが、事実誤認も甚《はなは》だしい。

また中国は、日本が大東亜戦争で敗戦したのは、日中戦争で中国軍のために大敗を喫し、もはや戦争継続さえ危ぶまれたのに、米国との戦争に活路を見出そうと真珠湾攻撃を行ない、惨めな敗戦を経験した、と、学校で子どもたちに教えている事実を、読者はご存じだろうか。

あえて言うまでもないことだが、日本が大東亜戦争で負けたのは、圧倒的な物量と科学技術力を駆使した米軍に対してであって、中国大陸では常に勝ち続けていた。つまり大陸における日本軍は、中国軍などは歯牙《しが》にもかけず連戦連勝であった。ただ、中国軍は奥地へ逃げてしまうので、城下の盟を結ぶことができなかっただけで、戦えば必ず日本軍が勝っていた点を、不愉快ではあろうが正しく子弟に教育すべきである。嘘偽りの教育は見苦しいだけだ。

筆者の言が嘘と思うならば、ぜひ戦史を繙《ひもと》いていただきたい。少なくとも、日本は中国軍のために敗戦したのではないのである。日本が国家総力戦のために国民に覚悟を促したのは、物量を誇る大国・アメリカとの決戦が始まってからである。

日本文明が、世界の大文明と充分に伍《ご》していける理由

周知のように古代には四つの文明があった。それらは最古のエジプト文明を始め、メソポタミア文明、インダス文明、黄河文明である。この古代文明は時代を経るにつれて周辺に広がり、民族の移動とともに新たな文明を形成していった。

興味深いのは、世界的に著名な国際政治学者である米国ハーヴァード大学のサミュエル・ハンチントン教授が、その著『文明の衝突』において、日本は一個の独立した文明圏を形成しており、二十一世紀には世界的大国となるであろうとし、その一方で中国は、アジアで覇権国家となるであろうと予測している点である。

ところで自国の文明・文化が、他国のそれと異なる点をどこで計るのかというと、それは戦争のやり方を見ればよい。なぜなら戦争は、人間の闘争心のぶつかり合いであると同時に、その民族の最も強力な闘争方法と美意識を表現する場であるからである。

この尺度から見ると、日本の戦闘方法は右記四つの文明圏でのそれとはまったく異なっていることが分かる。これまで挙げてきた四つの文明圏の国々の場合、闘う前には必ず敵よりも多くの兵数を揃えることに腐心する。兵数が敵よりも多ければ必ず勝ち、少なければ必ず負けるということは、遊牧・狩猟民族には共通した真理である。したがって、少な

い兵力で大兵力の敵と相対した場合には、必ず逃げるか、籠城をして援軍の来援を待つというのが定石である。

ところが日本だけは、他の文明圏とは違った対応をしてきた。東西文明の衝突でもあった日露戦争を例にとってみると分かりやすい。

日露戦争時の日本陸軍（二六万）はロシア陸軍（三六万）に比較して、兵力・火力ともに圧倒的に劣勢であったにもかかわらず、ロシア軍に何度も総攻撃をかけていったから、ロシア軍は恐慌状態に陥った。欧州諸国間での戦争では、けっしてこのような無謀をしない。しかも日本軍は劣勢にもかかわらず、犠牲をものともせず、また戦場で休むことなく攻撃をしつづけ、ロシア軍の強力な大部隊を打ち崩してしまった。

第二次大戦の時も、強大な米軍に対し劣勢となって勝利の見込みがなくなると、爆弾を手に米軍戦車に飛び込む玉砕戦法や、片道燃料だけで爆弾を抱えた飛行機で、米艦に突撃する神風特別攻撃で起死回生の勝利を得ようとしたが、これこそ、まさしく武士道的精神の極端な発露でもあった。現在ではイスラム原理主義の過激派や北朝鮮軍が、旧日本軍の玉砕戦法を取り入れているほどである。

また世界の格闘技は、通常必ず体力の勝《まさ》る者が体力の劣る者に優越するのが鉄則になっているが、日本の武道の場合は「柔よく剛を制す」というように、体力差を問題にしない。剣道の場合でも身長体重はまったく関係がない。また精神文化の面から見ても、明治維新時も第二次世界大戦後も、日本は欧米の文化や技術を必死になって吸収し、たちまち有色人種の中では唯一、先進国の仲間入りを果たしてしまったが、それでいて日本人は文化的に見ても、キリスト教化も欧米化もしなかった。他国文化・文明に吸収されず消化していくだけの強固な文明をすでに築いていたからである。

現在では逆に、日本の伝統文化や各種技術が世界中に拡大している。柔道、剣道、居合い、空手、合気道、杖道、弓道、相撲、日本舞踊、華道、茶道、カラオケ、太鼓、琴、三味線、尺八、俳句、将棋、アニメ等々、国際化している文化は極めて多い。

食文化を見ても、寿司、てんぷら、刺身、すきやき、しゃぶしゃぶ、和菓子などは高級料理として普及し、庶民の味としてはやきとり、おにぎり、インスタント・ラーメン、牛丼、醤油、味噌、納豆など、急速に国際化している。まさに固有の文明創造者というにふさわしい。ただ当の日本人がそのことを忘れて、自信をなくしているのが現状である。

勤労を尊び、職人を厚遇した日本社会

さらに日本文明が世界第五の文明として誇れるのは、リーダーたちの資質についてである。すなわち、世界の歴史上で見られるトップの人たちの資質を比較して見ると、日本のリーダーが特異な資質を保持していたことが分かる。

たとえば、中国や朝鮮では、二十世紀の初めまで儒教体制を敷いていたが、そのトップに座っていた皇帝や国王、あるいは貴族階級ともいうべき官僚たちは、各種の式典に出席する他は、下から上がってくる書類の決裁にハンコを押すことに終始した。暇な時には詩歌を作ったり読書に時間を割いた。儒教体制においては、読書をすることが君子に近づくための手段であったから、読書は盛んにしたが肉体労働は徹底して卑しんだ。

ところが日本では、知識階級に負けず劣らず、労働をしたり職を持っていたりする人間を高く評価してきた。そのために、奈良時代の昔から名人クラスの大工や刀鍛冶は、朝廷から名字や官位を与えられて大事にされていた。そうした伝統があるために、戦国時代の大名でさえ自ら技術者をもって任じる者も多く、茶器を焼いたり兜《かぶと》を作製したり（細川忠興《ほそかわただおき》）、あるいは造園（小堀遠州《こぼりえんしゅう》）を行なったりして、技術や文化を支える土壌があったのである。

さらに加藤清正《かとうきよまさ》の場合は、自ら城の設計と建築を行ない、熊本城や名古屋城といった天下の名城を残している。清正は、所領となった肥後《ひご》の国（熊本県）の農業土木工事も自ら手がけて、農民を大いに助け、名君の名を恣《ほしいまま》にしている。

こうした自ら手を汚し、汗水流して領民のために働いた大名は、上杉鷹山《うえすぎようざん》（一七五一～一八二二年）を始め全国各地におり、枚挙にいとまがないほどである。まして貴族階級ともいうべき家老や上士階級のサムライたちとなれば、読書は無論のこと、肉体労働も懸命に行なっていたのである。

ヨーロッパの君主や貴族では、若い時、欧州の造船所で働いたロシアのピョートル大帝を唯一の例外として、肉体労働に従事した者はない。ヨーロッパを代表する英国の貴族階級がオックスフォード、ケンブリッジで学ぶのは歴史学であり哲学であって、労働に直結する技術は卑しんで学ぼうとはしていない。いわんや宇宙唯一の絶対権力者を自認していた中国の皇帝や、中華文明の優等生を任じていた朝鮮国王などは、けっして肉体労働に従事したことはなかった。ところが日本では、もともと身分の上下を問わず勤労勤勉の体質が備わっていたことが、日本の近代化促進に大いに役立った。

だが、残念なことに漢民族の冊封体制下に慣れきったアジア諸国では、マレーシアのマハティール首相などごく一部の人を除いて、真の日本人というものを理解しておらず、中国人を始めとして、日本も中華帝国体制に入っていたとする考えが依然として無意識のうちに残っているようである。

中国が理解しようとしない世界史のターニング・ポイント

世界史を繙《ひもと》けば、すぐにわかることだが、一四九二年以来、五〇〇年間というもの有色人種は、白人の侵略と支配と略奪、そして殺戮を徹底的に受けてきた。これはコロンブスによる新大陸の発見が生んだ副次的効果であった。コロンブス以来、白人の航海技術の発展とともに、白人は黒人を奴隷として売買・酷使しはじめたのである。人間としてではなく、単なる牛馬として人間を扱うようになった。これが世界史における第一のターニング・ポイントである。

世界史の第二のターニング・ポイントは、この五〇〇年間にわたる有色人種に対する略奪、虐殺、抑圧、支配、差別などの認識を一変させた戦争である。すなわち、それは一九〇五年の日露戦争における日本の勝利を指している。

兵数、火力において日本陸軍を圧倒したロシア帝国陸軍は、ヨーロッパの軍事界で名声の高かったクロパトキン将軍を総司令官に、一揉《も》みの勢いで満州原野をヒタ押しに押し寄せた。しかし兵力・火力においてはるかに劣る日本陸軍ではあったが、連戦連勝を重ねてロシア軍を満州北部へ敗走させてしまった。欧州最強と言われたドイツ陸軍でさえも、ロシア陸軍への攻撃は控えていたにもかかわらずである。

日本軍の大勝利に世界中は驚いたが、とくにロシア帝国やオーストリア帝国、そして英国の軛《くびき》に苦しめられていたフィンランド人、ポーランド人、バルト三国人、ユダヤ人、ハンガリー人、チェコスロヴァキア人、トルコ人、アイルランド人と、中米・南米の大半を占めるメスティーソ（スペイン人・ポルトガル人と原住民との混血）や他の有色人種たちは狂喜した。

彼らをさらに乱舞させたのは、やはり欧州では名の通ったロジェストウエンスキー中将の率いるロシア海軍が日本海軍と大海戦を行ない、ロシア海軍が全滅し、日本海軍は小さな水雷艇三隻を失ったのみという海軍戦史上、未曾有の完全勝利に終わったことである。

被抑圧民族は日本の勝利によって、心底からの勇気を与えられ、それ以降独立運動に力を入れ、差別されていたメスティーソたちは溜飲を下げることができた。彼らにとって日本軍は、まさに救世主と言ってもよい存在であり、そうであればこそ、フィンランドでは一〇〇年も前の日本軍の勝利を祝って、東郷平八郎《とうごうへいはちろう》提督（一八四七〜一九三四年）の顔入りラベルをビンに貼り付けた「アドミラル・ビール」を、現在も販売しているのである。また、南米アルゼンチンの駐日大使は、日本に赴任すると必ず、日本海海戦の旗艦で、現在は横須賀に係留してある「戦艦・三笠《みかさ》」を表敬訪問し、日本海軍の往時を偲《しの》んでいる。

こうして独立運動の激しい気運が巻き起こった結果、欧米諸国は植民地を次々と手放すにいたった。一九〇五年の日露戦争から六〇年を経過した一九六五年までに、実に一〇〇カ国以上が独立を達成しているのである。したがって日露戦争こそが、人類史における第二のターニング・ポイントと呼んで間違いはないであろう。中華文明絶対と思い込んでいる中国の為政者たちは、一度、ぜひ「アドミラル・ビール」を飲んで、被抑圧民族の解放の喜びを味わって欲しいものである。

誰一人、見たもののない「南京虐殺」

日本軍が中国軍を追って南京に入城したのは、一九三七年十二月十三日であった。当時、南京市内に残っていた一般外国人は、ドイツ人、オーストリア人のビジネスマン・グループ六人と、米国人宣教師一四人の計二〇人の他に、ジャーナリストとして、欧米各国の有名新聞社の特派員たちと、日本からは朝日、毎日、読売などの新聞記者が滞在していた。そして南京に入城して来た日本軍は従軍記者として、作家の石川達三《いしかわたつぞう》を始め、林芙美子《はやしふみこ》、草野心平《くさのしんぺい》、西条八十《さいじょうやそ》、大宅《おおや》壮一《そういち》など、そうそうたるメンバー一二〇名を連れていた。だが当時、日本人・外国人記者の誰一人として虐殺の報道をしていないのである。

筆者はミネソタ大学やウイスコンシン大学に長くいたので、大学図書館で、一九三七年当時の米国・欧州の新聞で虐殺報道をつぶさに探したが、欧米の大新聞には何も載《の》っていなかった。

朝日、毎日の両新聞は、現在、徹底した自虐史観の報道スタンスをとっていることで有名で、旧日本軍のことや自衛隊の不祥事となると些細なことでも大きく報道し、中国や韓国からの対日批判報道なども得意になって報道しているが、当時この両新聞も「南京虐殺」を一切伝えていない。もっとも両新聞社とも、戦争中はかなり積極的に軍部に協力をしていたから、虐殺があっても黙視したのかもしれない。しかし、それならば戦後になって報道管制など撤廃されたのであるし、自らは一八〇度報道姿勢を変更したのであるから、昭和二十一年段階で大々的キャンペーンを張ってよいはずであるが、そのようなことは一切していない。ところが、戦後四〇年も経って中国が騒ぎはじめたとたん、中国に阿《おもね》って「南京虐殺」の批判を行なってきている。

だが重要なことは、当時、南京市内に残っていた外国人ビジネスマンと一四人もの米国人宣教師の存在である。特に米国政府はキリスト教宣教師に対して、中国での諜報と排日活動を要請していたのだから、もしも本当に三〇万人もの虐殺事件があれば、信者の中国人を通して情報を握ったはずであり、日本軍の箝口令《かんこうれい》など無視して全世界に訴えることができたはずである。ところが、それがないのであるから、これは完全に中国側の捏造《ねつぞう》と断言せざるを得ない。

また、国際連盟は第一次大戦後に発足したが、国際的事件があれば加盟国は直ちに連盟に提訴できる道が講ぜられていた。事実、一九二七年に南京で中国人民衆が日米英などの公館を略奪、居留民に暴行を行なった（南京事件）とき、日本も共同出兵を誘われたが、ときの外相・幣原《しではら》喜重郎《きじゅうろう》はこれを断り、米英両国だけが軍艦を派遣して、南京を艦砲射撃した。このため、中国人二〇〇〇人が死傷し、中国政府は直ちに連盟に提訴している。もちろん、関東軍による満州事変に対しても、事変発生から三日後に連盟に提訴を行なった。

二〇〇〇人の死傷事件でさえ連盟に提訴したほどの中国であるから、三〇万人虐殺などという事件があれば、提訴しないわけがない。それでも提訴していないのであるから、そのような事実はなかったと見るべきである。

ジョン・ラーベの日記が語る事実

さらに、当時日本の同盟国であるドイツのシーメンス中国支社長をしていた故ジョン・ラーベ氏の日記が、当時の情況をかなり客観的に伝えている。それによると、一九三七年十二月十三日、中国の便衣隊（ゲリラ部隊）を追いかけつつ、日本軍が南京に入城したが、興奮していた日本軍は、見物の中国人の中に逃げ込んだゲリラ部隊を見て、銃を乱射し、一部の無軌道な兵士たちは略奪と放火もしてのけた。ラーベ氏によれば、「日本軍は興奮してコントロールをなくしていた」と言い、日本軍の高級将校は「日本軍人として恥ずかしく思う」と謝罪していた姿も記している。南京入城後、四週間ほどで無軌道な兵士たちは新たな兵と交代して、混乱はおさまったと言う。そして、混乱状態が終わってから、中国国際赤十字員が調査した結果、遺体の数は中国兵士三万人であった。だが投降していない兵士やゲリラの殺害は合法であり、これを虐殺とは呼ばない。逆に一般市民への「虐殺」は、ほとんど目撃証言があげられていないのである。

虐殺事件といえば、一九三七年七月二九日に通州《つうしゅう》の城内で、婦女子を含む日本人と朝鮮人の民間人二百数十名が、中国自治政府保安隊によって凄惨な虐殺を受け、「通州事件」として大問題になったが、これこそ正真正銘の「虐殺」である。だが戦後の日本は、中国に阿《おもね》ってこの事件について沈黙してしまった。

さらに、当時の南京という街は城内に一四万人ほどしか居住しておらず、一〇〇万以上の人々は南京城外に住んでいた。それゆえ、三〇万人もの人間が虐殺されたなら、あの狭い南京市内は全く身動きできなくなる上に、三〇万人もの死体の腐臭で一ヵ月間は市内に入れないであろう。しかも前述したように、南京には人権問題にはやかましい米国人キリスト教宣教師が一四人も常駐していたから、決して黙っていなかったはずである。だが事実は、誰も非難したり告発をしていないのである。

「偏聴《へんちょう》、姦《かん》を生ず」

戦後、中国は日本軍に虐殺されたと称する南京市民の死体や人骨を写真で公表したり、博物館に旧日本軍の服や銃剣等とともに公開をしている。おそらくこれらの人骨は、清代から蔣介石《しょうかいせき》時代の北伐《ほくばつ》による中国人同士の抗争や、虐殺によるものである。南京虐殺の被害者であるという人物が、日本のマスコミに出たり裁判を起こしたりすることがあるが、意地悪く考えれば、なんでも日本軍のせいにすれば日本政府が面倒を見てくれるだろうと考えているのかもしれない。

そもそも、武器を持たず敵意もない無抵抗の民間人を殺害する等は、日本人の最も卑しむ『卑怯・卑劣』な行為である。武士道精神の根本は、「恥」を知ることであり、ほとんどの旧日本軍人はこの精神を豊富に持っていた。

このことは、日本海軍の戦いぶりからも証明できる。彼らはあくまでも武装した敵艦隊との決戦を求めて、米英蘭豪の軍艦のみを襲い、敵の商船やタンカーなど非武装の船を攻撃する命令を受けたとき、不名誉として本気で攻撃を加えなかった。日本が負けたのは、この武士道精神のお陰とも言えるのである。その点、艦隊決戦を避けてもっぱら日本輸送船団を襲いつづけた米国は、武士道精神から言えば、極めて卑怯・卑劣な国家であった。

有名な司馬遷の書いた『史記』の中に「偏聴《へんちょう》、姦《かん》を生ず（偏聴生姦）」と言う言葉がある。意味は、「二者のうち一方の言い分にのみ耳を傾けると不公平を生じ、悪い結果をもたらす原因となる」と言うものである。史記を読んだ中国人なら誰でも知っている言葉である。自国が常に正しいと思うのは、愛国心の発露であって決して悪いことではない。だが、相手の国の名誉にもかかわる問題の場合は、相手側の言うことも冷静に聞いた上で、双方で共同調査をして見るくらいの気持ちは持つ必要がある。

ともあれ、中国人も、そして自虐的な歴史観を持つ日本人も、中国政府の発表やメイド・イン・チャイナの歴史観だけを一方的に信用せずに、もう一度、中国と日本の歴史を、古代から現代までしっかり振り返ってみる必要がある。

(二) 日中が友好関係を築くために

全世界が感づいている中国のズルさ

日中両国が国交を回復してから、すでに二〇年以上を経過している。しかしこの間、両国関係には常に波風が立ち、政治問題に発展したケースがしばしばあった。いずれも中国側からの一方的な横槍であり、内政干渉であった。

日中平和友好条約は一九七八年八月に締結されたが、この時の内容では、この条約によって、日中両国に横たわっていた過去の不幸な問題はすべて解決したものとし、不戦と友好のために内政は相互に干渉しないとうたったが、友好関係を崩してきたのは、常に中国側であった。なぜなら、中国がこの条約を締結した真の目的は、ソ連による軍事的圧力を避けるために日米と国交回復し、外交的孤立を避けることと、日本の経済力と技術力を獲得することにあり、あくまでも自国の国益追求のためであった。

自虐史観で固まった日本の政治家は、すぐ謝罪で済まそうとする。だが、国際社会で国家が公式に謝罪することは、当然その見返りとして賠償金を毟《むし》り取られることになる。事実、これまで日本は、経済面と技術面で最大の援助を中国に対して行なって来ているが、それは、たとえ平和条約で過去の問題は解決済みとしたとしても、戦争で迷惑をかけたという意識があればこそで、誠実さを示そうと努力を払ってきた結果なのである。だが中国は日本の真心を素直にとらず、日本の贖罪意識を逆手にとって、経済力と技術力を毟り取るための卑劣な手段にしてしまっている。

国際社会は何も言わないが、中国外交の汚さ、ズルさを見抜いている国は多い。それは、中国だけが国際社会の全メンバーから承認されておらず、中国領土の一地方政権である台湾と堂々と国交を保持している国家が二十数ヵ国もあるのを見ても理解できよう。

何度も言及するようだが、中国では日本史に関しては「日中戦争の時の日本」しか教えていない。教えるのは日本軍の「残虐性」と自国の被害者意識だけである。そのような国が友好関係にあると言えるであろうか。日本の中学生なら、誰でも中国の王朝名や有名な人物・事跡をよく知っているが、中国人は誰も平安時代や鎌倉時代を知らないのである。

日米ガイドラインに対する横槍も、もう一方の当事者の米国には、ほとんど文句を言わない。日米安保条約の発動で直接軍事力を動かすのは米国であり、日本は軍事力を動かせないのである。本来ならその米国にこそ文句を言うべきなのだが、米国に言っても内政干渉と叱られ、撥《は》ねつけられることが明白であるから、間違っても米国には文句を付けない。まして謝罪のうえお金までくれるなどということは絶対ありえない国だからである。逆に相手が弱味を見せると、嵩《かさ》に掛かって付け入ろうとするのが中国人の体質である。

中国が希求してやまない覇権主義国家への道

筆者は訪中して、中国国際戦略学会や国防大学、あるいは社会科学院などで、中国の国際情勢認識について質問をするが、政治問題に関するかぎり、常に彼らの答えは金太郎飴のごとく、まったく同じである。つまり、冷戦後の世界は、ソ連が超大国の地位を滑り落ち、現在は米国一国だけが世界の政治・経済・軍事を牛耳《ぎゅうじ》っており、極めて危険で不安定な国際社会を作り出している。イラクがクウェートに侵攻したのも、米国に対する不平・不満の表われである、という認識である。

そこで筆者が、ではどうしたらよいのですか、と問うと、彼らは一様に同じ回答をする。つまり、「現在の国際社会は、かつての中国の戦国時代のように混沌としている。このまま放っておけば秦《しん》が中国世界を統一したように、米国が世界を独占支配してしまう。それを避けるには、かつてのソ連と同じように米国に対抗できるパワーの存在が必要であ

中国の核ミサイル配備

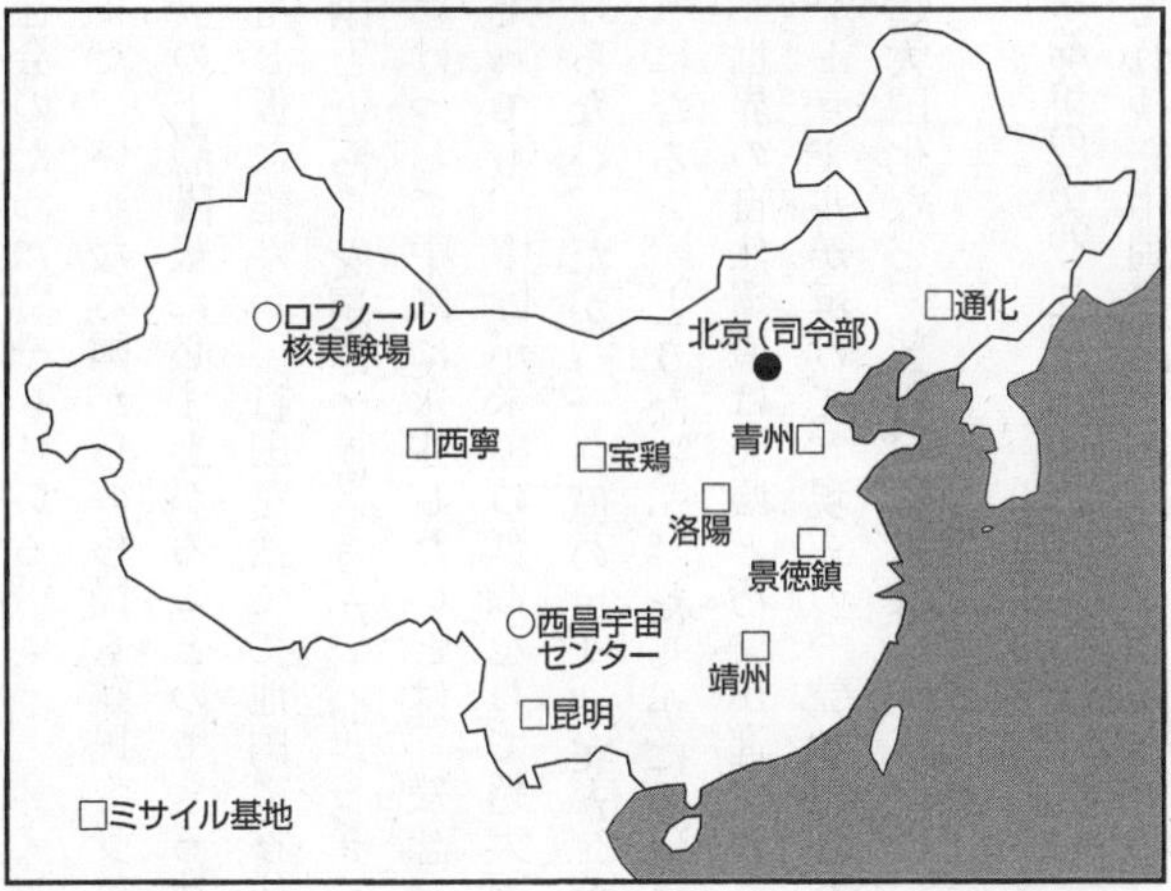

り、そのパワーとして中国が最適である。なぜなら数は少ないが、核兵器、ICBM、原潜、爆撃機など、米国の独占を抑えるだけの対抗戦力である戦略兵器を保有しているからである」というのである。これには小生は驚くよりも、呆《あき》れて失礼ながら思わず大笑いしてしまった。何のことはない、中国も世界覇権を狙っているのである。

米国は中国的視点からすれば確かに覇権国家であろう。だが、米国は少なくとも人類が求めて止まない自由・平等・民主・人権のスローガンを掲げ、そのために米国民や経済を犠牲にしてでも、警察官的役割を買って出ている国である。そのためには、単に軍事力だけでなく、莫大な人的資源と経済的資源を国際社会のために費やしている。

また、いかなる国からの移民も難民も受け入れ、しかも難民であっても努力さえすれば社会の上層階級に必ず上がることのできる社会構造を備えている国である。

もし仮に誰かが、自国を捨てて他国に移住しなければならない事態に陥った時、米国と中国とどちらを選ぶであろうか。おそらくどこの国の人でも、米国には永住したがっても、けっして中国に永住したいとは、残念ながら思わないであろう。

それでも、中国が米国の真似をして超大国になりたいなら、まず経済力を充実しなければならない。だが、一二億の民すべてが年収一万ドル（日本人の四分の一）の所得を持つようになると、どうなるか。たしかに全国民が中流階級になって豊かになる。だが同時に、世界の自然環境は破壊と汚染が進むのみならず、それまでの共産党によるマインド・コントロールが解けて、現在の一党独裁体制は崩れ、大混乱に陥るだろう。アメリカと並ぶ超大国化など、望むべくもない。

軍事紛争の誘発こそ、中国の狙い

それゆえ中国が国家として生き残るためには、ロシアのようにゆるい連合国家となるしかない。すなわち複数政党制の実現と人民の自由意思による選挙の実施、そして独立志向の少数民族に独立を許す道である。そして一党独裁体制が崩れる際の大混乱を避けるためには、日本や米国を敵視することなく、謙虚に友好関係を増進しておく努力が必要である。そうすれば、必ず、日本も米国も中国を支援するであろう。超大国など目指している場合ではないのである。

ところが中国は、超大国になるために血眼《ちまなこ》になっている。現在、最も魅力を感じているのは航空母艦の保有である。米軍の海外派兵が行なわれる所、必ず航空母艦があって支援体制を取っているのを見ているからである。

だが実は、中国はすでに旧ソ連の航空母艦を二隻も掌中にしているのである。一隻はソ連崩壊後、ロシアの国防費削減のために廃艦となり、韓国でスクラップになる予定であったキエフ級ミンスク（三万七〇〇〇トン）で、韓国業者から買い取って現在、広東省東莞《とうかん》の沙田鎮《さだちん》港に係留をしている。この航空母艦の管理は「東莞連通港口埠頭有限公司」が行なっているが、一般人の立ち入りは厳しく制限されている。

この情報は、朝日新聞の香港支局・坂尻記者が沙田鎮港を訪れて取材し、ミンスク内に入ろうとしたが禁止されたことを一九九八年九月七日付の夕刊に、写真入り一面トップで報道をしているから間違いない。

中国が保有するもう一隻の航空母艦は、旧ソ連時代に建造中であった航空母艦・ワリヤーグ（五万八〇〇〇トン）である。ソ連崩壊後、この航空母艦の所有権はウクライナ政府に移ったが、これをマカオにある中国系観光会社が二〇〇〇万ドルで購入することになったと、九八年三月にロシアのイタル・タス通信が伝えた。朝日新聞の調べによると、マカオの観光会社は正式に登録されておらず、実体のない会社であることが判明している。そしてマカオは九九年に中国に返還されたが、実体のない会社であればいつ倒産してもおかしくない。

二隻の航空母艦ともに購入の条件は軍事転用をしないこととなっているが、契約をした会社を倒産させてしまえば、この条件は反古《ほご》にされる。また、たとえ軍事転用をしなくとも、両航空母艦とも解体作業の過程の中で、造船（艦）技術者が空母建造のための知識を豊富に得ることができる。むしろ中国が自前の航空母艦を保有するには、ソ連空母をそのまま利用するよりも、解体プロセスから空母技術を習得し、新たに建造するほうが多くのメリットがある。

以上のことから、中国が航空母艦を建造するための最大関門は突破していると見てよいであろう。むしろ中国が腐心しているのは、航空母艦建造に着手すると必ず起こる国際社会からの批判と圧力を、いかに弱く少なく薄くするかである。そのために打って来ている戦略が、東支那海と南支那海における他国領域に対する領有権の主張である。

一つは両支那海に挟まれる形の台湾に対する施政権の主張である。台湾は中国の領土であるから、異質の政権が存在することを許さず、これを制圧するには渡海作戦に有利な航空母艦を必要とするという論法である。そのためには世界すべての国に、台湾は中国領土であることを認めさせる必要がある。国際社会のすべてが中国の主張を認めれば、台湾に対する武力行使が容易になるからである。

次に、東支那海に広がる日本の琉球列島周辺の領海に対し、中国は自国の庭同然にわが物顔で調査船を遊弋《ゆうよく》させ、外務省の抗議に対しても内政干渉と嘯《うそぶ》いているし、尖閣諸島の魚釣島《うおつりしま》を中国領土と突然宣言したりして、日本人を唖然とさせている。日本側はこの中国の挑発に乗らず、話し合いによる外交決着を目指そうとしているが、中国側の意図は軍事紛争の勃発にある。紛争は中国人民への対日緊張感の持続と軍事増強の口実を与え、共産党政権の延命にあるから、外交官や政治家はよほどのタフネゴシエーターを揃える必要がある。

南支那海の場合は、ヴェトナムやフィリピンとの間にある西沙《せいさ》群島や南沙《なんさ》群島の領有権をめぐって、すでに両国との間に軍事紛争が発生している。ヴェトナムもフィリピンも中国の思う壺《つぼ》に嵌《は》まってしまったわけだが、中国にとって必要な口実は、軍事紛争の鎮圧であるから、今後も南支那海方面でしばしば軍事衝突事件が発生することが予測される。

いまなお対人地雷を輸出しつづける中国

259ページの「安全保障分野での日中比較」を再度参照してほしいのだが、これからの超大国とは軍事力の誇示ではなく、いかに世界の平和と発展に貢献するかが指標となる。そして国際貢献と言えば、国連運営や国連PKOへの分担金支出の増大、ODA援助額の増大、安保関連国際会議の開催数、PKO・PKF活動への積極的参加などが挙げられる。

だが、九七年度における中国の国連への貢献は、すべての分野で極めて少なく、常任理事国としては最低の出費である。にもかかわらず口出しだけは最も多い。

もっとも中国を含む常任理事国は、さかんに武器輸出を行なっているが、これは国際貢献とは言わない。

先進国同士による武器売却の場合は、経済的合理性を追求する意味合いが強いが、中進国・途上国への武器輸出は、むしろ紛争を助長するばかりである。

たとえば対人地雷は、現在地球上に一億個以上が埋設されているが、これまで主な供給源であった東欧諸国は、九〇年代に入ってからは輸出をしなくなった。しかし中国だけは依然としてT‐72と言われる対人地雷を、紛争国・中進国・途上国の別なく輸出しつづけている。ちなみに、対人地雷一個の値段は三ドルであるが、一個の対人地雷除去には七〇〇ドルがかかると言われている。アジア・アフリカの紛争地には、無数のメイド・イン・チャイナの地雷が埋設され、手足をもぎ取られる人が後を絶たない。

中国が経済大国になることは異存がないが、軍事大国化だけは御免である。軍事大国は米国だけでもう充分である。中国が経済・軍事の超大国になれば、かつての米ソ冷戦と同じように米中冷戦が起こることは間違いない。

『荘子《そうじ》』に、「邯鄲《かんたん》の歩み」と言う挿話が載っている。意味は、自分の本分を忘れて他人の真似ばかりしていると、中途半端になって両方とも失うというものだが、中国はこの祖先の言葉をよくかみしめるべきである。

中国が現在、必死に開発をしている軍事技術に、MIRV（複数個別誘導弾頭）やMaRV（複数機動型個別誘導弾頭）がある。MIRVとは、長距離弾道ミサイルに、複数の弾頭を装着し、これを飛行中に逐次分離しながら予定する別々の目標に向かって誘導させる方式のことである。またMaRVとは、子弾頭に誘導装置や推進装置をつけ、大気圏再突入の時に機動し、迎撃ミサイルを回避したりして、目標に正確に到達させる誘導方式のことである。いずれも米国の核戦略に対抗するためのハイテク技術である。

MIRVは、すでに六〇年代末に米国が実用化し、七〇年代初頭にはソ連も開発した技術であるが、中国にとってはかなりむずかしい技術で、MaRVとともに開発段階にある。

中国は、こんな恐ろしい軍事技術を開発するために、資金とハイテクを日本から毟《むし》り取ろうと狙っているのである。日本はアジア諸国の中では最大の援助を中国に対して行なっているが、その見返りが中国の軍事力増強につながっている。

中国にいま求められる「相互理解」の精神

むしろ、インドやパキスタンの核兵器廃棄のために、中国が率先して核兵器を破棄したなら、国際社会から大歓迎を受け、信頼に足る大国として常任理事国の足場をさらに固めることになるだろうが、今のところそのような気配はまったくない。日本は、白人支配の世界を人種平等社会にする努力をしてきた。中国もぜひ、核兵器撤廃の先頭を切ってほしいものである。

だが、中国が戦後五〇年間以上にわたって国民に教育してきたことは、中国は常に被害者であり、欧米や日本は常に加害者であるという認識であった。それゆえ、戦争博物館を設置して中国人子弟に被害者意識を植え付けることに熱心である。

日中国交回復のおかげで、中国からビジネスや研究などで来日する人が多くなったが、日中戦争の話になると、けっして日本側の主張や反論を認めず、それこそ憎悪剥《む》き出しで日本批判を口にする。自国歴史の反省は何もなく、すべて日本と米国が悪いという教条主義に凝り固まっているから、まともな議論は怖くてできない。まさに「偏聴生姦《へんちょうしょうかん》」を地でいっているのである。

だが、現在の中国人すべてに考えてほしいのは、漢民族はその誇りとする四〇〇〇年の歴史において、いかに異民族（夷狄）に対し差別、虐待、侵略、支配、虐殺を繰り返してきたかという事実である。また朝貢制度や冊封体制からくる三跪九叩頭という人権無視の制度を異民族に強制し、加害者の立場に立ち続けた事実も忘れてしまっている。これらはけっして一〇〇〇年も前の古い話ではなく、二十世紀初頭まで行なわれてきた事実なのである。

さらに殷・周時代から始まる歴代王朝の交替期には、同じ民族を三〇〇〇万人から五〇〇万人も殺戮してきた事実や、数十万人も生き埋めにしたり、墓を暴いて死者に三〇〇回の鞭を打ったり、飢餓の時には生きた人間さえも食する習慣がごく最近まであったという事実を、中国人は認める必要がある。

日中が真の友好関係を保つ方法は、中国だけが被害者であるという戦争博物館に、中国人が行なってきた夷狄民族虐殺や自民族への虐殺資料、さらに日本側の反論資料も同時に展示することである。日中友好の根本は、お互いが相互の文明を認め尊重することにある。自国の文明が優位と自惚れるのではなく、相互の文化・文明を尊重すれば、真の意味で平和友好が訪れるであろう。

〈年表〉——中国とその周辺諸国・民族の四〇〇〇年史

年代	前一〇〇〇	前五〇〇	前三〇〇	前二〇〇	前一〇〇	紀元	一〇〇
中国	殷	周	秦	前漢		後漢	
日本	縄文時代			弥生時代			

年代	中国の出来事
前四〇〇〇ごろ	仰韶《ヤンシャオ》文化
前三〇〇〇ごろ	龍山《ロンシャン》文化
前一六〇〇ごろ	殷《いん》王朝が成立する
前一五〇〇ごろ	漢字の祖型である甲骨文字が出来上がる
前一一〇〇ごろ	殷《いん》が倒れ、周《しゅう》が成立する（首都・鎬京《こうけい》）
前七七〇	周が都を洛邑《らくゆう》に移す（東遷）。これより春秋時代
前五〇〇ごろ	孔子をはじめ、諸子百家が活躍する
前四〇三	戦国時代始まる
前二二一	秦《しん》王・政《せい》、中国を統一し、始皇帝《しこうてい》となる
	このころ「万里の長城」構築
前二〇六	秦、項羽《こうう》と劉邦《りゅうほう》らによって滅ぼされる
前二〇二	劉邦が項羽を破り、前漢《ぜんかん》を建国
前一三九	漢の武帝、張騫《ちょうけん》を西域《さいいき》に派遣する
前一二三	武帝、衛青《えいせい》、霍去病《かくきょへい》を送りこみ、匈奴を討伐
前九九	武帝、西域に屯田兵を進駐させ、支配を固める
前九七	司馬遷『史記』を完成
二五	後漢建国、光武帝《こうぶてい》即位
九一	班超《はんちょう》が西域諸国を攻めたて、西域都護《とご》に任命される

年代	周辺諸国・民族の出来事
前一〇二七ごろ	【伝説】殷の紂王《ちゅうおう》の叔父・箕子《きし》が朝鮮王となる
	匈奴《きょうど》の活動活発化
前二一四	匈奴、秦の蒙恬《もうてん》に攻められ、オルドスから敗走
前二〇九	匈奴、冒頓《ぼくとつ》が単于《ぜんう》となり、強盛誇る
	このころ広東で南越《なんえつ》、福建で閩越《びんえつ》が独立
前一九〇	衛満《えいまん》が箕子朝鮮を倒す
前一一〇	衛氏朝鮮、漢の武帝に滅ぼされる
前五九	漢、西域に都護を置く
前五四	匈奴、東西に分裂
五七	倭《わ》の国王が光武帝に使者を派遣し、金印を授かる
一五六	鮮卑《せんぴ》、モンゴル高原を統一

二〇〇	三〇〇	四〇〇	五〇〇	六〇〇

三国時代｜五胡十六国時代｜南北朝時代｜隋｜唐

弥生時代｜古墳時代｜飛鳥時代

一八四	太平道の教祖・張角《ちょうかく》、黄巾《こうきん》の乱を起こす
二二〇	後漢滅び、魏呉蜀《ぎごしょく》の三国鼎立。これより三国時代
二三四	五丈原《ごじょうげん》の戦い。蜀の諸葛孔明《しょかつこうめい》、陣中に死す
二八〇	晋《しん》の司馬炎《しばえん》、全国を統一
三〇四	匈奴、鮮卑、氐《てい》、羌《きょう》、羯《かつ》の五胡が中国に侵入
	五胡十六国時代が始まる
四二〇	江南で南宋《なんそう》が成立
四三九	拓跋《たくばつ》族の北魏《ほくぎ》が華北を統一。南北朝時代始まる
	北魏の孝文帝《こうぶんてい》、仏教を奨励し、雲崗《うんこう》と龍《りゅう》門《もん》に大規模な石窟寺院を建立する
五八九	楊堅《ようけん》が南北統一、隋《ずい》を建国(文帝)
	文帝、科挙《かきょ》の制度を定める
	南北を結ぶ大運河の開削始まる
六一一	隋の煬帝《ようだい》、高句麗に大軍を送るが敗退
六一八	煬帝殺害され隋滅ぶ。唐の建国
六二七	唐の太宗《たいそう》即位(貞観《じょうがん》の治)
六三〇	東突厥《とっけつ》を滅ぼす。つづいて西突厥も滅ぼす(六五七)
六四五	玄奘三蔵《げんじょうさんぞう》、一六年ぶりに長安に帰着

	西方で羌《きょう》族の大反乱起こる
二三九	このころ邪馬台国《やまたいこく》の卑弥呼《ひみこ》が魏に朝貢する
三一三	高句麗《こうくり》、楽浪郡《らくろうぐん》を滅ぼす
	このころ、百済《くだら》、新羅《しらぎ》が成立
	このころ、「倭の五王」が南朝に国書を送る
四五〇	トゥルファン地方に高昌国建国
五三八	日本に仏教伝来
五九三	日本で聖徳太子が摂政となる
六〇七	日本、小野妹子を遣隋使として派遣
六二九	吐蕃《とばん》、ソンツェン＝ガンポ即位し、後にチベットに統一王朝建国(六四一)。
六六三	日本・百済連合軍、白村江で敗れる
六七六	新羅が朝鮮を統一
	新羅の武烈《ぶれつ》大王、中国化政策をとる

七〇〇	八〇〇	九〇〇	一〇〇〇	一一〇〇	一二〇〇	一三〇〇	

唐　五代十国　宋　南宋　元

奈良時代　平安時代　鎌倉時代

七一二	玄宗《げんそう》帝即位(開元の治)
七五一	西方でイスラム勢力と衝突(タラス河の戦い)
七五五	安史の乱起こる
七六三	吐蕃軍、長安を陥れ、一四日間占領する
八四五	仏教に対する大弾圧起こる(会昌の廃仏)
八七五	黄巣《こうそう》の乱起こり、中国全土を戦乱に巻きこむ
九〇七	唐滅びる。五代十国時代の始まり
九三六	遼に攻められ、燕雲《えんうん》一六州を割譲する
九六〇	宋《そう》おこる
九七九	宋が北漢《ほっかん》を倒し、中国を統一
一〇〇四	宋の真宗《しんそう》、遼の聖宗《せいそう》と屈辱的な和議を締結
一〇四四	宋、西夏《せいか》とも和議を結ぶ
一〇六九	王安石《おうあんせき》の一連の改革(新法)始まる
一一二七	南宋《なんそう》建国
一一四一	宰相・秦檜《しんかい》、岳飛《がくひ》を殺し、翌年、金と「紹興《しょうこう》の和議」結ぶ
一二六四	モンゴルが中国に侵入、燕京《えんきょう》を陥れる
一二七一	フビライが元《げん》を建国し、首都を大都《だいと》(北京)に置く
一二七四	元と高麗の連合軍、第一回日本遠征
一二七九	厓山《がいざん》の戦いで元が南宋を破り、南宋滅亡
一二八一	元と高麗、第二回日本遠征
一三五一	白蓮教徒の紅巾《こうきん》の乱起こる
一三六三	朱元璋《しゅげんしょう》、明《みん》を建国。徹底的な鎖国政策

七二七	渤海《ぼっかい》、使節を日本に派遣する
七四四	モンゴル高原に、ウイグル建国
七五二	日本、東大寺の大仏完成
八〇四	最澄と空海が入唐する
八三九	日本、最後の遣唐使帰国
九一六	北アジアに遼《りょう》建国
九三六	高麗《こうらい》が、朝鮮半島を統一
九三七	雲南《うんなん》に大理《だいり》国成立
九九四	遼が高麗を服属させる
一〇一九	刀伊《とい》(女真族)が、壱岐《いき》・対馬《つしま》を襲撃
一〇三八	西域に西夏《せいか》建国
一一一五	女真人が金《きん》を建国
一一二五	遼、宋と金に挟撃され、西遷
一一二六	高麗、金に服属する
一二〇六	ジンギス汗、モンゴル高原を統一
一二一九	大西征、ホラズム、西夏、金を滅ぼす
一二五四	フビライ、大理を滅ぼし、吐蕃を服属させる
一二五九	高麗、モンゴルに服属
一二九三	ジャワにマジャパヒト王国成立
一三九二	李成桂、朝鮮建国(首都・漢城)

一四〇〇	一五〇〇	一六〇〇	一七〇〇	一八〇〇	一九〇〇

明 ｜ 清 ｜ 中華民国

室町時代 ｜ 土山安桃 ｜ 江戸時代 ｜ 明治 ｜ 大正 ｜ 昭和

一四〇五	鄭和《ていわ》の南海大遠征始まる（華僑のおこり）
一四四九	オイラート、大規模侵入。皇帝を捕虜とす（土木《どぼく》の変）
一五五〇	韃靼のアルタン汗、華北に侵入し北京を包囲（北虜《ほくりょ》）
一五五五	倭寇の激化、南京に迫る（南倭）
一五九二	万暦《ばんれき》帝の三大征始まる
一六四四	清、北京を占領し、明ここに滅亡
一六四五	「弁髪令」発布
一六六一	康熙帝《こうきてい》即位。対外積極策をとる
一六六八	「満州封禁令」で、漢人の満州流入を禁ず
一七一八	チベット討伐開始。ラサを攻略（一七二〇）
一七五五	乾隆帝《けんりゅうてい》、大軍を派遣し、ジュンガル部を平定
一七五九	中央アジアの回部《かいぶ》を平定、「新疆《しんきょう》」と命名
一八四〇	アヘン戦争勃発、清大敗し、南京条約締結
一八五一	太平天国の乱起こる
一八五六	英仏連合軍とアロー戦争。敗れて天津条約
一八九四	朝鮮の権益をめぐり、日清戦争起こる
一九〇五	孫文《そんぶん》、東京で中国同盟会結成
一九一一	辛亥《しんがい》革命起こり、中華民国成立
一九三七	盧溝橋事件勃発。日中戦争始まる
一九四九	中華人民共和国建国
一九六六	文化大革命始まる

一四五〇ごろ	オイラート、韃靼《だったん》部を全滅させる
一五八三	女真族のヌルハチ、頭角を現わす
一五九二	秀吉軍、明に遠征。途次朝鮮上陸
一六一六	ヌルハチ、満州に後金《こうきん》を建国（のちに清《しん》）
一六三六	清軍、朝鮮に侵入
一六七六	ジュンガル部のガルダン汗、中央アジアを制圧
一七一六	日本、吉宗の享保《きょうほう》の改革
一七八二	日本、天明《てんめい》の大飢饉
一八五三	米艦隊、日本の浦賀に来港
一八六八	日本、明治維新
一九〇四	日露戦争起こる
一九四一	太平洋戦争（〜四五）

64. 林乃シン　　『中国飲食文化』　　上海人民出版社
65. 寺尾善雄　　『中国文化伝来事典』　　河出書房新社
66. 吉田光邦　　『日本と中国：技術と近代化』　　三省堂選書
67. イエズス会／矢沢利彦訳『中国の医学と技術』　　東洋文庫
68. 岡　晴夫　　『中国歴史紀行・宋・元』　　学習研究社
69. J・フェアバンク／大谷敏夫訳　『中国の歴史：古代から現代まで』　ミネルヴァ書房
70. 気賀沢保規　『則天武后』　　白帝社
71. 王　曙光　他『現代中国』　　柏書房
72. 堺屋太一　　『千日の変革』　　PHP研究所
73. 渡部昇一、谷沢永一　『拝啓　韓国、中国、ロシア、アメリカ合衆国殿』　光文社
74. ノエル・ペリン／川勝平太訳　『鉄砲を捨てた日本人』　中公文庫
75. サミュエル・ハンチントン／鈴木主税訳『文明の衝突』　集英社
76. 山岸素六　『日本甲冑の基礎知識』　　雄山閣
77. ジスバン・カッセリ　『古代中国』　　ニュートンプレス社
78. 新渡戸稲造　『武士道』　　講談社
79. 山本七平　『日本人とは何か。上下巻』　　PHP文庫
80. 山鹿素行／新田大作注釈　『中朝事実』　中朝事実刊行会編、明治神宮

31. 太田広毅　『蒙古襲来―その軍事的意義―』　錦正社
32. 山岡荘八　『徳川家康』第 9，10巻　講談社
33. 司馬遼太郎　『この国のかたち』1～6巻　文春文庫
34. 宮城谷昌光　『史記の風景』　新潮社
35. 司馬遼太郎　『翔ぶがごとく』1～10巻　文芸春秋
36. 司馬遼太郎、陳舜臣　『対談・中国を考える』　文春文庫
37. 司馬遼太郎　『歴史の中の日本』　中公文庫
38. 奥宮正武　『私の見た南京事件』　ＰＨＰ研究所
39. ジョン・ラーベ　『南京の真実』　講談社
40. 富士信夫　『南京大虐殺はこうして作られた』展転社
41. 小倉芳彦　『古代中国に生きる』　三省堂
42. 司馬遼太郎　『人物中国の歴史』　集英社
43. 駒田信二　『三国志の世界』　集英社
44. 増井経夫　『中国の歴史書』　刀水書房
45. 岡本隆三　『意外史中国四千年』　新人物往来社
46. 奈良本辰也　『歴史対談日本と中国』　徳間書店
47. オーエン・ラティモア　『中国：民族と土地と歴史』　岩波書店
48. 貝塚茂樹　『中国の歴史』上、中、下　岩波書店
49. 山田辰雄　『歴史の中の現代中国』　勁草書房
50. 大谷探検隊　『西域旅行日記』　白水社
51. 伊藤清司退官記念論文集委員会　『中国の歴史と民族』　第一書房
52. 副島次郎　『アジアを跨ぐ』　白水社
53. 坂田　新　『先秦・秦・漢』　学習研究社
54. 山口　修　『中国の歴史散歩』 1、2　山川出版社
55. きょう延明　『絵で見る中国の歴史』 1巻～6巻　原　書房
56. 高崎宗司　『中国朝鮮族』　明石書店
57. 竹内　宏　『路地裏の中国経済』　日本経済新聞社
58. 張　光直　『考古学よりみた中国文化』　雄山閣出版
59. 横田禎昭　『中国古代の東西文化交流』　雄山閣出版
60. 大久保隆郎　『中国思想史』　高文堂出版社
61. 白川　静　『中国古代の文化』　講談社
62. 白川　静　『漢字の世界』　平凡社
63. 古島琴子　『中国西南の少数民族』　サイマル出版会

参考文献

1.　　　　　『中国史』　　　　　山川出版社
2.　　　　　『世界歴史・古代４』　岩波講座
3.　　　　　『世界歴史・古代５』　岩波講座
4.　　　　　『世界歴史・古代６』　岩波講座
5.　　　　　『世界歴史・中世３』　岩波講座
6.　　　　　『世界歴史・中世６』　岩波講座
7.　　　　　『世界歴史・中世７』　岩波講座
8.　　　　　『世界歴史・近代８』　岩波講座
9. 梅棹忠夫　『世界民族問題事典』　平凡社
10. 司馬遷　『史記列伝・１～８巻』　筑摩書房
11. 宮崎市定　『アジア史概観』　中央公論社
12. 京大東洋史編纂会　『東洋史辞典』　東京創元社
13. 綿引弘　『世界の歴史がわかる本』三笠書房
14.　　　　　『精選世界歴史』　山川出版社
15.　　　　　『世界歴史年表』　山川出版社
16.　　　　　『新選日本史図表』　第一学習社
17. イヴァン・イリイチ・ザハーロフ　『支那人口の歴史的考察』
満州鉄道調査部
18. 黄仁宇／山本英史訳　『中国のマクロヒストリー』　東方書店
19. 柏　陽　宗像隆幸訳　『醜い中国人』　光文社
20. 村松　暎　『中国如是我想』　中央公論社
21. 高柳光寿編　『日本史辞典』　角川書店
22. 陳　舜臣　『中国歴史の旅（上）』　毎日新聞社
23. 陳　舜臣　『中国歴史の旅（下）』　毎日新聞社
24. 村山　孚　『司馬遷「史記」歴史紀行』　尚文社ジャパン
25. 陳　高華　『元の都』　中央公論社
26. 愛宕　元　『中国の城郭都市』　中央公論社
27. 佐々木衛　『中国民衆の社会と秩序』　東方書店
28. 中野謙二　『中国風土記』　東方書店
29. 和辻哲郎　『風　土』　岩波文庫
30. ＮＨＫ取材班　『堂々日本史』第１，２巻　ＫＴＣ中央出版

（この作品『真実の中国4000年史』は、平成十一年四月、小社ノン・ブックから四六判で刊行された『中国4000年の真実』を改題したものです）

図版協力　日本アートグラファー

一〇〇字書評

切り取り線

購買動機（新聞、雑誌名を記入するか、あるいは○をつけてください）	
□（　　　　　　　　　　　　）の広告を見て	
□（　　　　　　　　　　　　）の書評を見て	
□ 知人のすすめで	□ タイトルに惹かれて
□ カバーがよかったから	□ 内容が面白そうだから
□ 好きな作家だから	□ 好きな分野の本だから

●最近、最も感銘を受けた作品名をお書きください

●あなたのお好きな作家名をお書きください

●その他、ご要望がありましたらお書きください

住所	〒				
氏名		職業		年齢	
新刊情報等のパソコンメール配信を 希望する・しない	Eメール	※携帯には配信できません			

あなたにお願い

この本の感想を、編集部までお寄せいただけたらありがたく存じます。今後の企画の参考にさせていただきます。Eメールでも結構です。

いただいた「一〇〇字書評」は、新聞・雑誌等に紹介させていただくことがあります。その場合はお礼として特製図書カードを差し上げます。

前ページの原稿用紙に書評をお書きの上、切り取り、左記までお送り下さい。宛先の住所は不要です。

なお、ご記入いただいたお名前、ご住所等は、書評紹介の事前了解、謝礼のお届けのためだけに利用し、そのほかの目的のために利用することはありません。

〒一〇一―八七〇一
祥伝社黄金文庫編集長　吉田浩行
☎〇三（三二六五）二〇八四
ohgon@shodensha.co.jp

祥伝社ホームページの「ブックレビュー」からも、書けるようになりました。
http://www.shodensha.co.jp/bookreview/

祥伝社黄金文庫

侵略《しんりやく》と殺戮《さつりく》　真実《しんじつ》の中国《ちゆうごく》4000年史《ねんし》

平成16年9月5日　初版第1刷発行
平成24年10月31日　第8刷発行

著　者　杉山《すぎやま》徹宗《かつみ》
発行者　竹内和芳
発行所　祥伝社《しようでんしや》
〒101-8701
東京都千代田区神田神保町3-3
電話　03（3265）2084（編集部）
電話　03（3265）2081（販売部）
電話　03（3265）3622（業務部）
http://www.shodensha.co.jp/

印刷所　堀内印刷
製本所　ナショナル製本

　ISBN978-4-396-31358-6 C0120

祥伝社黄金文庫

杉山徹宗《かつみ》
軍事帝国 中国の最終目的
着々と進む「覇権国家」プログラム。今こそＮｏといえる日本を目指せ！ 中国の本性と野心を暴く。

金文学 金明学
韓国民に告ぐ！
〝日韓友好〟の今、あえて問う！ 祖国を思うあまりの痛烈な韓国批判。井沢元彦氏激賞の話題作。

金文学
中国人民に告ぐ！
〝文化大国・中国〟の知られざる実態を描き、日本人の中国観に修正を迫る。痛憤の母国批判！

金文学
「反日」という甘えを断て
『マンガ嫌韓流』の山野車輪氏も絶賛！ 正しい日韓関係のため、今こそ読まれるべき1冊。

金文学
中国人による中国人大批判
母国・中国で出版拒否！ 歯に衣着せぬ中国批判と、親日ゆえの日本への苦言。

陳舜臣
日本的 中国的
中国、その永遠の隣人を理解するために碩学《せきがく》が贈る名随筆。日中両国に横たわる偏見、誤解を今こそ解く！